¡EXACTO!

Authentic Spanish
for GCSE listening and reading comprehension

Carla Blyth Hughes

Oxford University Press

Oxford University Press, Walton Street, Oxford OX2 6DP

Oxford   New York   Toronto
Delhi   Bombay   Calcutta   Madras   Karachi
Petaling Jaya   Singapore   Hong Kong   Tokyo
Nairobi   Dar es Salaam   Cape Town
Melbourne   Auckland

and associated companies in
Beirut   Berlin   Ibadan   Nicosia

Oxford is a trade mark of Oxford University Press

© Oxford University Press 1987
First published 1987
Reprinted 1987
ISBN 0 19 912088 9

Acknowledgements

The publishers are grateful to the following for permission to reproduce
copyright material:

Compañia Metropolitano de Madrid; Compañia Telefonica Nacional de
España, S.A.; *Dunia*; Ediciones Conica; Ediciones Pleyades, S.A.; Editorial
Quiris, S.A.; El Corte Ingles; El Director General de Correos y Telégrafos;
Iberia; Instituto Nacional de Promocion del Turismo; Mucho Más, Sarpe;
Publicaciones Heres, S.A.; *Spanish in the Office*, J. Bray and M. Gómez
Sánchez (Longman).

Although every effort has been made to contact copyright holders, a few
have been impossible to trace. The publishers apologize to anyone whose
copyright has been unwittingly infringed.

Special thanks go to the children of Colegio San Jose, Estepona (Malaga),
and their teacher Ezequiel Martin Holgado. The author also wishes to
thank the Manager and staff of Banco Atlantico, Estepona, and the staff of
Viajes Benamar, Estepona.

Photographs

Charlotte Ward-Perkins p. 67; The Kobal Collection pp. 6, 7; Popperfoto
pp. 30, 44; Richard Bristow, Barcelona pp. 13, 25, 32, 37, 39, 57, 60, 71,
72; The Spanish National Tourist Office p. 66.
All other photographs are by the author.

Illustrations

The cover illustration is by Shaun Williams, as are all illustrations in the
book except for those on pp. 6 and 39 (Raynor Design) and those on pp. 55
and 64 (Robert Top).

Set by Tradespools Ltd, Frome, Somerset.
Printed in Great Britain by Scotprint Ltd., Musselburgh.

Introduction

¡Exacto! is a collection of Spanish listening and reading material carefully tailored to the needs and interests of students working towards GCSE examinations.

Why authentic?

The exploitation of authentic material is being increasingly recommended both because of the obvious relevance of such things as menus and tourist information brochures and for the effect they have on students' motivation to learn the language. It has been shown that motivation is one of the factors – if not *the* factor – which is crucial in learning a foreign language. Examination boards now include the ability to understand authentic spoken and written material in their criteria for assessment at GCSE level.

¡Exacto! aims to provide material which students will find interesting and enjoyable and which will at the same time give them a grounding in essential comprehension techniques. Each of the 18 units is based either on a survival situation – at the travel agency, in a hotel – or on a theme likely to appeal to young people – music, eating out, making a date to go to the cinema. Unscripted listening material is dovetailed with reading matter ranging from postcards written by Spanish schoolchildren to magazine articles and photographs. Whilst the language is ungraded, the amount which is demanded of the student both in the comprehension exercises and in the productive exercises at the end of each unit is suited to an expanding knowledge of the language. Guided composition ranges from letter writing to short articles and conventional essay topics. Transcripts of the listening material on cassette and a comprehensive Spanish–English vocabulary list are provided at the back of the book.

The listening material

The recordings on cassette may be exploited in different ways depending on the degree of proficiency of the students. Some students may be accustomed to listening to 'real' Spanish, some may find that the speakers go too fast or that they seem to put in extra words. It is important to stress that the student is *not* expected to understand every word! Gist listening is a skill worth cultivating. It is not only useful for 'getting by' in the short term; it is the best way to increase one's knowledge of the language. The comprehension questions in the book focus attention on the key items in the passage. The cassette may be used by the teacher in the classroom or in the language laboratory. In the classroom the teacher can give as much or as little guidance as he or she feels is necessary and this will depend very much on the particular group of students. The following check-list may, however, be useful:

1 Present any vocabulary which is new to the students.
2 Play the passage straight through.
3 Ask the students to read the questions.
4 Play the passage a second time, stopping the tape-recorder at relevant points to allow the students to answer the questions.
5 Play the passage through once more so that students may check their answers.
6 Discuss the passage with the students, referring to the transcript and replaying the passage if necessary.

In the language laboratory, more advanced students can work at their own speed, rewinding to find the answers to the questions. Transcripts of the passages are provided at the back of the book for two reasons: so that students can check their comprehension by reading along whilst listening a final time, or for students who are unaccustomed to the spoken word – they may wish to use the written form as a crutch until they get used to the speed of delivery of natural speech.

To ensure clarity, some of the authentic conversations have been recorded again in a studio. However, the language used has not been altered in any way.

The reading material

Again, the students are asked to follow the gist of a passage to search for specific information – they are not expected to understand every word. Relevant vocabulary is listed beside each extract whilst the vocabulary list at the back of the book contains all but the most common words used in the book. The extracts are drawn from a wide range of sources. A number of varieties of the language are thus included and questions focus the students' attention. Useful new vocabulary is rounded up in short productive exercises – some oral, some written – or puzzles.

Contents

Unit

1	El cine	6
2	Su dinero	10
3	El restaurante	14
4	Viajar	18
5	Esos kilos de más	22
6	De compras	24
7	Pasatiempos	28
8	Sobre ruedas	32
9	Dígame	36
10	Vacaciones	40
11	La música de hoy	44
12	Estar en forma	48
13	Si ...	52
14	¡Buen provecho!	56
15	¡Salud!	60
16	Fin de semana fuera	64
17	Tú ¿cómo eres?	68
18	En correos	72
	Transcripts of recorded material	76
	Spanish–English vocabulary	92

1 El cine

Making a date

Maika receives a phone call from Juan. Listen carefully and answer the questions.

1 Where does Juan suggest they go?
2 Where is the film showing?
3 What time do they arrange to meet?
4 Where are they going to meet?

Now act out the situation in pairs, one person taking Maika's part and the other Juan's part. Use the transcript at the back of the book for Maika's part.

Best Friends

Here are details about the film **Best Friends**. Read the review and answer the questions.

AMIGOS MUY INTIMOS

Una pareja de escritores profesionales mantienen una relación perfecta, son felices pero, un buen día, deciden casarse sin estar muy seguros de que eso es lo conveniente. Como dudan deciden mantener su boda en secreto y emprenden un viaje –espantoso en tren– para conocer a los padres de «ella».

La relación entre la pareja sufre crisis, cambios, todo es distinto a como era antes de la boda...

El ya no es perfecto y ella deja de ser la atractiva muchacha de antes. A los dos les gusta discutir y acaban por dejar de hablarse. Pero, como todas las comedias, tiene un final feliz y sorprendente.
Tolerada

1 Los protagonistas de la película son
   a profesores.
   b escritores.
   c padres.

2 Van a
   a casarse.
   b matarse.
   c divorciarse.

3 Hacen un viaje en tren para
   a hacer negocios.
   b tomarse unas vacaciones.
   c visitar a la familia de la novia.

el protagonista main character
la pareja couple
casarse to get married
conveniente advisable
dudar to doubt
mantener en secreto keep secret
la boda wedding
emprender to set off on
espantoso dreadful
deja de ser is no longer
discutir to argue

⊕ What's on?

You ring up the local cinema to find out what films are showing. Answering machines can be rather off-putting, but relax – you can always ring back! Listen for the answers to these questions:

1 Where is **La fuerza del cariño** on at?
2 Your schoolfriend Harry speaks no Spanish. Which would be the best film to see?
3 What are the times of the performances?
4 Which film stars Shirley Maclaine?
5 What number do you phone if you need more information?

Gremlins

Here is part of a film review taken from the magazine *Dunia*. Read it through and complete the text, using the words taken from the list below:

orejas partido pequinés espejo
monstruos muñecos ciudad lástima
ayuda historia

el contestador automático	answering machine
mayores de	over the age of
autorizada para	suitable for
subtitulada	with subtitles
en versión original	in the original (ie. undubbed) version

Ctra. Cádiz-Málaga, Km. 183

CINE

Gremlins, USA, 1984. Dir.: Joe Dante. Con Zach Galligan, Phoebe Cates.

¡Que vienen los *gremlins*! Esos pequeños __1__ de __2__ de murciélago y aire *punk* han invadido nuestras ciudades.

Gremlins es una __3__ ingenua y fantástica: una pequeña __4__ norteamericana se ve invadida durante unas horas por estos diablillos, estúpidamente agresivos y violentos. Son los hijos de Grizmo –un encantador bicho, entre patito feo y perro __5__ – que al final conseguirá, con la __6__ de su joven amo y héroe de la película, restablecer la idílica paz del lugar. Hay un divertido tono moralizante en el argumento, ... y una advertencia frente a la maldad del mundo moderno. Nos vemos en los *gremlins* como en un __7__ deformante.

La interpretación es floja, el soporte dramático, torpe, casi inexistente, y es una __8__: podría haberse sacado más __9__ argumentalmente de la ciudad y sus habitantes. Como es frecuente en este tipo de filmes, la calidad se vuelca toda en el lado técnico, logrando unos __10__ perfectos en sus movimientos y expresividad.

el murciélago	bat
los diablillos	little devils
un encantador bicho	a charming creature
entre	halfway between
el patito feo	ugly duckling
el amo	owner, master
la advertencia	warning
la maldad	evil
deformante	distorting
el soporte dramático	supporting cast
sacar partido de	to make use of
se vuelca	concentrates on

CINE CALIFORNIA ANDRES MELLADO 53 — GRAN EXITO

UN DRAMA DE LA HISTORIA QUE PERDURARA PARA SIEMPRE EN LA HISTORIA DEL CINE

FARSA films

RICHARD BURTON **PETER O'TOOLE**

HAL WALLIS PRODUCCION

BECKET

CALIFORNIA. (Aforo: 533.) Andrés Mellado, 47 (Moncloa). Metro Moncloa. Tel. 244 00 58. Lab. y dom., 16,45, 19 y 22,15 h. 275 ptas. Miércoles laborables, 150 ptas.
BECKET **(14).**

ROSALES — ¡¡EL DESAFIO DE 1984

Breakdance la película CB

ES ALEGRIA, ES OPTIMISMO, ES ¡¡GANAS DE VIVIR!!

ROSALES. (Aforo: 400.) Quintana, 22 (Moncloa). Metro Argüelles. Tel. 241 58 00. Cont. 17,15 h. Pases: 17,25, 19,05, 20,50 y 22,30 h. 325 ptas.
BREAKDANCE **(Tol.).**

CINESTUDIO **Griffith**

SEMANA DEL 30 AL 7 DE MAYO

LA TRAMPA DE LA MUERTE

EL TERCER HOMBRE — JOSEPH COTTEN

mes de cine negro

DIAS: 9 -10 -11 -12 y 13

NASTASSIA KINSKI

Tess

Un film de
ROMAN · POLANSKI

CINESTUDIO GROUCHO. (Aforo: 760.) Cartagena, 30. Metro Diego de León. Tel. 246 46 97. Cont. 17,15 h. 200 a 250 ptas.
REBELDES **(13)** (17 y 21,30 h.).
TESS **(18)** (18.30 h.).

CINESTUDIO
Regio

RAIMUNDO FERNANDEZ VILLAVERDE, 8
METRO C. CAMINOS. BUS C, 3, 37, 42, 124 y 125 y M-10
Teléfono: 234 60 18

El es Tootsie... Ella es Dustin Hoffman

DUSTIN HOFFMAN **Tootsie**

COLUMBIA PICTURES Presenta una Producción de MIRAGE / PUNK
Un film de SYDNEY POLLACK
DUSTIN HOFFMAN JESSICA LANGE TERI GARR - "TOOTSIE"
DABNEY COLEMAN CHARLES DURNING
Música DAVE GRUSIN Director de fotografía OWEN ROIZMAN A.S.C.
Argumento DON McGUIRE · CHARLES EVANS
Guión LARRY GELBART · MURRAY SCHISGAL
Producida por SYDNEY POLLACK · DICK RICHARDS
Dirigida por SYDNEY POLLACK

CINESTUDIO GRIFFITH. (Aforo: 837.) Santa Engracia, 132 (Chamberí). Metro Ríos Rosas. Tel. 441 14 61. 200 ptas.
Lunes:
CASANOVA (18 y 22,15 h.).
QUERELLE (20,15 h.).
Martes:
LA TRAMPA DE LA MUERTE (16,30 y 20,45 h.).
EL ARREGLO (18,40 y 22,45 h.).
Miércoles:
LA TRAMPA DE LA MUERTE (18 y 22,15 h.).
EL ARREGLO (20,10 h.).
Jueves:
EL ARREGLO (18 y 22,15 h.).
LA TRAMPA DE LA MUERTE (20,10 h.).
Viernes:
LIMITE: 48 HORAS (16,30 y 20,15 h.).
EL TERCER HOMBRE (18,10 y 22 h.).
Sábado:
EL TERCER HOMBRE (16,30 y 20,15 h.).
LIMITE: 48 HORAS (18,30 y 22,10 h.).
Domingo:
LIMITE: 48 HORAS (16,30 y 20,15 h.).
EL TERCER HOMBRE (18,10 y 22 h.).

CINESTUDIO REGIO. (Aforo: 973.) Raimundo Fernández Villaverde, 10. Metro Cuatro Caminos. Tel. 234 60 18. 225 ptas. Sáb. y dom., 250 ptas.
TOOTSIE (16,45 y 22,15 h.).
ENTRE PILLOS ANDA EL JUEGO (18,40 h.).
OPERA PRIMA (20,40 h.).

Now showing

Ana-Mari is devising a film chart for her school newspaper – so you can see what's on at a glance. Copy out the table below and help her find the information needed in the film ads opposite.

Película	Breakdance	Tootsie	Beckett
Cine	*Rosales*		
Clase de película			*Histórica*
Estrella / Actor	*Lucinda Dickey*		
Hora de la última función de noche			
Precio de butaca		*225 ptas*	

la butaca stalls
días laborables weekdays

Look at the ads again and answer true or false to the following:

1 El Cine Rosales es más barato que el Griffith.
2 Puedo ver **El Tercer Hombre** el lunes.
3 El miércoles es el día más barato para ver **Beckett**.
4 Los niños pueden entrar a ver **Tess**.

In pairs

Which films have you seen recently? Discuss with your partner how you would rate them.

Mix and match

Match the most likely reply (listed on the right) to each question on the left.

1 ¿Qué película quieres ver?
2 ¿Quién es el actor?
3 ¿De qué se trata?
4 ¿Dónde la ponen?
5 ¿Cuándo empieza la última función?

a De ciencia ficción.
b En al Cine Alexandra.
c A las diez y media.
d Mark Hamill.
e **El Retorno del Jedi**.

MUY BUENA
BUENA   DIVERTIDA
PASABLE   FLOJA

poner una película to show a film
la función performance

 ## ¿Te gustó la película?

Write a short essay – maximum 100 words – in which you describe a film you recently enjoyed. Use the **Best Friends** excerpt to help you. Remember not to give away the ending!

2 Su dinero

El importe en letra   El importe en cifras

Día del mes en letra   Mes en letra   Firma   Año

Writing a cheque

Filling in a cheque should present few problems. Copy down the portion of the blank cheque above underlined in blue. Then make it out to **bearer** for the sum of 50.555 ptas. with today's date.

But before you do, read the bank's instructions below.

el portador	bearer
la seguridad	security
cumplimentar	to fill in
el talón	cheque
el importe	amount
la cifra	figure
barras	bars
la firma	signature
grafismos	asterisks
con mayúsculas	in capitals
la pluma estilográfica	fountain pen
rehusar	to refuse

IMPORTANTE

Su SEGURIDAD aumentará si sigue estas RECOMENDACIONES al cumplimentar los talones:

– Encuadre el importe en cifras entre barras o grafismos.
  Ejemplo: =10.525= ó ⍟10.525⍟

– Escriba con mayúsculas el importe en letra.
  Ejemplo: Pesetas DIEZ MIL QUINIENTAS VEINTICINCO.

– Inutilice mediante una linea los espacios vacios anterior y posterior al importe en letra.
  Ejemplo: ————————DIEZ MIL QUINIENTAS VEINTICINCO————

– Utilice pluma estilográfica y en cualquier caso rehuse boligrafos que le sean desconocidos.

Horario de Caja

It's 12.45 on Saturday morning. Can I cash a cheque at this bank?

HORARIO DE CAJA
LUNES A VIERNES 9 a 14
SABADOS 9 a 1230

Los cheques de viaje

María is thinking of getting some traveller's cheques so she goes along to the local bank.

Listen to the tape and answer the following:

1 María wants traveller's cheques in
  a pesetas only.
  b foreign currency only.
  c both pesetas and foreign currency.

2 Can you use traveller's cheques to buy petrol?

3 How much commission does the bank take?

4 If you lose your traveller's cheques you will need to
  a report the theft to the police and obtain a statement from them.
  b phone the bank that originally issued the traveller's cheques.
  c immediately phone Visa in Madrid.

5 How long does the paperwork normally take if you lose your traveller's cheques?
  a at least a week.
  b one working day.
  c it depends on the amount involved.

moneda extranjera foreign currency
utilizar to use
la gasolinera petrol station
¿qué cantidad? what amount?
solicitar to request
dirigirse to go to
una denuncia report
devolver to return
gestionar to work out
la pérdida loss

Act it out

You go into a bank to change some traveller's cheques. Act out the conversation in pairs.

Vd: (Say hello. Ask if he accepts traveller's cheques.)
Empleado: Pues, sí señor.
Vd: (Say you want to change $100. Ask what the exchange rate is.)
Empleado: El dólar está a 156 ptas. en cheques.
Vd: (Very good. Ask what the date is today.)
Empleado: Siete de julio. ¿Me deja Vd. su pasaporte, por favor?
Vd: (Say you've left your passport at your hotel.)
Empleado: Bueno, ¿trae Vd. algún otro documento de identidad?
Vd: (Ask if your International Driving Licence will do.)
Empleado: Sí, eso sirve. ¿Me da el nombre de su hotel?
Vd: (You're at Hotel Las Camelias, room 515.)
Empleado: Bien, pase Vd. por la Caja.

cambiar to change
el dólar dollar
¿a cómo está el cambio? what is the exchange rate?
la fecha date
el carnet de conducir driving licence
la Caja cashier

Nuestras 10 ventajas.

1 El importe de la nómina será abonado automáticamente en su cuenta, en cualquiera de las oficinas del Banco y en la fecha indicada por la empresa.

2 El Banco suscribirá a su nombre, desde el momento en que domicilie su nómina, un seguro de accidentes totalmente gratuito, que cubrirá fallecimiento o invalidez. Los capitales asegurados serán:
   Por fallecimiento o incapacidad permanente total 1.000.000 ptas.
   En caso de incapacidad permanente parcial, será variable según el grado de invalidez.

3 Vd. podrá disponer de un anticipo de hasta una mensualidad de su sueldo líquido, que se cancelará a fin de mes.

4 Podrá obtener un préstamo personal de hasta un 40% de sus haberes netos anuales, con el aval de su empresa, que se amortizará de forma mensual y en un plazo máximo de dieciocho meses.

5 Cualquier solicitud de crédito por su parte, será estudiada por el Banco con especial interés.

6 Preferencia en la concesión de la Tarjeta Visa, con la que Vd. puede realizar en cualquier lugar sus compras y aplazar el pago de las mismas, según el reglamento de la misma.

7 Por cantidades iguales o superiores a 100.000 ptas., el Banco le ofrece un 11% de interés anual en imposiciones a plazo fijo a un año.
   Y también la posibilidad de estudiar otras fórmulas para rentabilizar sus ahorros.

8 Para fomentar el ahorro infantil y juvenil, hemos creado la Libreta Junior, a plazo fijo de tres años y con el 10% anual para cualquier cantidad.

9 Si quiere pagar sus recibos de agua, gas, teléfono, luz, colegios, etc., con mayor comodidad dispondrá también del servicio de domiciliación de pagos. El importe de dichos efectos le será debitado de su cuenta.

10 El Banco le ofrece también su amplia gama de servicios y se pone a su disposición para atender cualquier consulta o sugerencia.

Lo más importante para el Banco es que Vd. quede satisfecho con nuestro servicio.

Ventajas

You pick up a leaflet at a bank (see above). Read it through carefully, then answer the following.

1 If your monthly take-home pay is 90.000 ptas. how much will the bank advance you?

2 How much would the bank's insurance policy on your life pay out if you were to die in an accident?

3 My son has 90.000 ptas. in his **Libreta Junior** savings account. How much interest does he receive every year?

4 If you wish to delay payment on goods purchased, use a
   a cheque.
   b Eurocheque.
   c Visa card.

5 Your net annual salary is 1.500.000 ptas. The bank will grant you a personal loan of up to
   a 600.000 ptas.
   b 1.200.000 ptas.
   c 300.000 ptas.

la ventaja advantage
la nómina pay chit
gratuito free
el fallecimiento death
el anticipo advance
la mensualidad monthly salary
el préstamo loan
amortizar to repay
el plazo period
aplazar to delay
a plazo fijo fixed deposit
el recibo bill

Reading a bank statement

Look at the monthly bank statement below and answer the following questions:

Banco Atlántico Fundado en 1901		OFICINA 462-ESTEPONA			HOJA 1
		NUM CONTROL 11 095949 00-22		PERIODO MENSUAL	

EXTRACTO DE MOVIMIENTO

FECHA OPERACION	CON CEPTO	DOCU MENTO	VALOR	MOVIMIENTO	SALDO
2.09.83	SALDO ANTERIOR				3.737,00
7.07.84	41		9.07	37.000,00	
10.07.84	40	845	10.07	5.000,00-	
12.07.84	40	846	12.07	5.000,00-	
18.07.84	40	847	18.07	2.000,00-	
23.07.84	40	848	23.07	3.700,00-	
28.07.84	40	850	28.07	5.000,00-	20.037,00

CARLOTA JESSICA BLYTH

LAS LOMAS, 38 EL PADRON
ESTEPONA (MALAGA)   462

el extracto bank statement
el saldo balance
el artículo item
el exprimidor juicer
la plancha iron
el reloj watch

1 ¿Cuánto dinero hay ahora en la cuenta?

2 En julio compré dos de estos artículos pagando con talón.
   a ¿Qué compré?
   b ¿Cuándo?

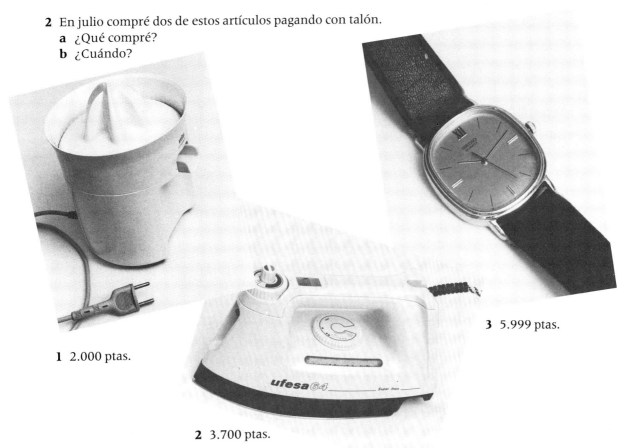

3 5.999 ptas.

1 2.000 ptas.

2 3.700 ptas.

3 El restaurante

da Nicola
pizza
ABIERTO TODO EL VERANO PIZZERIA
RESTAURANTE ITALIANO
C/ORENSE 4
☎ 455 76 37 - 455 77 53 ● Madrid 20

Where shall we eat?

You decide to eat out in Madrid. Look at these advertisements and find the answers to the questions below.

RESTAURANTE
Los Remos
(antes Parque Moroso)
PRIMERA CASA EN PESCADOS Y MARISCOS
AMBIENTE SELECTO ● VIVEROS PROPIOS
Ctra. Coruña, km. 12.700
Telfs. 207 72 30 - 207 78 83
ABIERTO DOMINGOS MEDIODIA
P PARKING PROPIO

Los Caprichos
LOS CAPRICHOS (taberna-restaurante andaluz). Serrano, 43 (bajo). Tel. 276 23 68. De 12 a 17 y de 19.30 a 1 de la madrugada. Coc. andaluza. Espec.: pescaitos y pescados a la sal. Cierra domingos. Se admiten tarjetas.

EL CARDENAL. Cardenal Cisneros, 6 (Bilbao). Tel. 446 17 94. De 13 a 16 y de 21 a 24 h. Coc. francesa y nueva cocina. Espec.: crema de calabaza. Aprox.: 1.700 ptas. Cerrado domingos.

MEXICO LINDO
MEXICO LINDO. Plaza de la República del Ecuador, 4. Tel. 259 48 33. De 13.30 a 16 y de 20.30 a 24 h. Coc. mexicana. Espec.: Junca Mole, Mole y Carnitas Aprox. 1.000 ptas. Cierra martes. Admite tarjetas.

KAISER. Orense, 4. Tel. 456 50 57. De 7 a 1 de la madrugada. Restaurante, de 13 a 16 y de 21 a 24 h. **Coc. franco-alemana.** Espec.: codillo asado, estofado de rabo de buey y lomo de buey al carbón. Aprox.: 1.000 ptas. No cierra ningún día.

Casa Pepe
Fundada en 1926
Paseo de La Habana, 33
Tels. 259 66 36
457 50 32

Los Borrachos de Velázquez
LOS BORRACHOS DE VELAZQUEZ. Príncipe de Vergara, 205 (Chamartín). Tels. 458 10 76 y 259 84 92, y Avda. de Burgos, 214 (km. 7.700). Tel. 202 34 27. De 13 a 16 y de 21 a 24 h. Coc. andaluza. Cerrado domingos y cerrado domingos noche respectivamente. Rest. espectáculo.

El mayor Restaurante Chino en Madrid
EL PALACIO
Calle Salud, 11, y Chinchilla, 4
Tel. 231 88 30 (Metros Gran Vía y Sol)

BOTIN
BOTIN. Cuchilleros, 17. (Plaza Mayor-Centro). Junto Pza. Mayor. Reserva: 266 42 17. De 13 a 16 y de 20 a 24 h. Coc. castellana. Cochinillo y cordero asados al horno de leña. No cierra ningún día. Diner's, Visa, American, Eurocard. Abierto todo el verano.

FADO Un rincón de Portugal en pleno corazón de Madrid. Selectos vinos portugueses y comidas regionales del país. Plaza San Martin. 2. Teléfono 231 89 24.

بعلبك للطعم اللبناني
RESTAURANTE LIBANES
EN MADRID
BAALBECK — ORENSE,70
Teléfonos 270 27 04 ● 270 20 01

La cocina del mar de Andalucía.
Restaurante, Bar, Camarotes Privados. Especialidades:
Pescados a la Sal, Pescaditos Fritos y Mariscos.
ORENSE, 64-66. Tel. 270 20 04. MADRID-20

1 A mí me chifla la pizza. Quiero ir a . . .
2 ¿Qué clase de comida sirve el Fado?
3 ¿Cuántos años tiene Casa Pepe?
4 ¿Podemos comer comida mejicana los martes?
5 Nunca he comido pescado a la sal. ¿Por qué no vamos a . . .?
6 Para comer comida china tome el metro a . . .
7 ¿En qué calle hay un restaurante libanés?
8 ¿Dónde puedo comer cochinillo asado?
9 ¿Cuáles son las especialidades del restaurante alemán?
10 La crema de calabaza es un plato de la cocina francesa. ¿Dónde puedo probarlo?

chiflar to adore
la comida food
el cochinillo asado roast sucking pig
alemán German
la calabaza pumpkin

RECOMENDAMOS:

En el Mesón Arni (c/Mondejar, Estepona) encontrarás un ambiente acogedor y una comida mejicana deliciosa. El mesón es más bien pequeño así es que conviene reservar mesa (tel. 800731). Hay platos para todos los gustos: huevos rancheros (350 ptas), chimichunga (390 ptas) y las típicas enchiladas mejicanas (1.050 ptas). Pruebe la especialidad de la casa – costillas de cerdo a la barbacoa (1.050 ptas).
Están riquísimas.
El Mesón Arni es un restaurante de 2 tenedores.
Cierra los miércoles.

Read the article on **Mesón Arni**, then decide whether the following statements are true or false.

1 El mesón tiene muchas mesas.
2 Sirve comida francesa.
3 Es mejor reservar mesa.
4 Se puede cenar allí los miércoles.
5 La especialidad de la casa cuesta 1.505 ptas.

el mesón inn
el ambiente atmosphere
acogedor cosy
más bien rather
conviene it's best to
probar to try
las costillas spare ribs
riquísimo delicious

La cena

Carmen is talking to Fernando about an enjoyable dinner she and her husband had at **Mesón Arni**. Listen to the tape and choose the correct answers.

1 When did Carmen and her husband go to Mesón Arni?

2 What did Juan choose as a starter?
  a chimichunga.
  b huevos rancheros.
  c gazpacho.

3 What did Carmen pick as a second course?
  a chicken enchilada.
  b fish with white sauce.
  c moussaka.

4 When is it Fernando's birthday?
  a next week.
  b next Saturday.
  c next month.

Ordering a meal

Sometimes it's easier – and cheaper – to order the Menu of the Day (**la minuta**). Look at the menu opposite. This includes a starter, two main courses, and a choice of dessert!
First see if you can find the following dishes on the menu. (You can look up words you are not sure of in the vocabulary list at the back of the book.)

Garlic chicken with potatoes
Baked eggs with asparagus
Baked apple
Roast lamb with potatoes
Grilled steak
Roast veal with peppers
Vermicelli soup
Water melon
Ham omelette
Apple tart
Hake in batter
Haricot beans with chorizo sausage

Pasadoiro

MENU 1200 pesetas

Entremeses variados
Ensalada de lechuga y tomate
Caldo de cocido
Gazpacho a la andaluza
Sopa de fideos

Tortilla de jamón
Tortilla de chorizo
Huevos al plato con espárragos
Huevos fritos con patatas
Macarrones con tomate
Pisto de tiempo
Judías verdes salteadas
Trucha frita
Merluza a la Romana
Judías blancas con chorizo

Ternera de Segovia al horno con pimientos
Entrecot a la parrilla
Salteado de ternera con champiñones
Pollo al ajillo con patatas
Cordero de Segovia asado con patatas
Escalope vienés con patatas
Croquetas con patatas
Jamón serrano con patatas chips
Jamón de York con tomate del tiempo

Flan al caramelo; Mantecado camy;
Dulce de membrillo; Fruta del tiempo;
Tarta de la casa; Tarta de manzana;
Manzanas asadas; Sandía; Fresón con azúcar;

NOTA ESTA; MINUTA SE SIRVE PERSONAL
E INDIVISIBLE

See if *you* can order a meal for your friend and yourself! Write down your part first, referring to the menu, then act out the conversation in pairs.

Camarero: ¿Qué desean?
   Vd: (Say you'd like a salad and hors d'oeuvres.)
Camarero: Bien. Y ¿de segundo?
   Vd: (Hake in batter and fried trout.)
Camarero: Y ¿luego?
   Vd: (A grilled steak and garlic chicken with potatoes.)
Camarero: ¿Cómo quiere la carne?
   Vd: (Well done, please.)
Camarero: Y ¿para beber?
   Vd: (Mineral water.)
Camarero: Gracias.
Luego . . .
Camarero: ¿Desean tomar postre?
   Vd: (Say yes. You'd like apple tart.)

Camarero: ¿Con nata o helado?
   Vd: (Cream, please. And a creme caramel.)
Camarero: Bien, gracias.

In groups of three order your own meal.
1 Choose one person to be the waiter/waitress. Look carefully at the menu, decide what you'd like, then act out the scene in the restaurant.

2 Now choose *one* of the three situations below and order your meal.
   a One of you doesn't like eggs or fish.
   b It's a hot summer's day and you fancy a cold starter.
   c You're both on a diet. No fried foods or fattening sauces, please!

Hay . . .

There is no written menu at this country restaurant which serves homemade food – **comida casera**.
Copy down the list from the owner's pad below. Then listen carefully to the tape and fill in the blanks.

Nº

1º PLATO

... Ensaladilla Rusa
... Ensalada de ___ y tomate
... Revuelto de trigueros

> **el cocido** stew
> **la sopa castellana** garlic soup
> **la fabada** bean stew
> **la menestra de verduras** vegetable soup
> **revuelto** scrambled
> **los trigueros** asparagus tips
> **las alcachofas** artichokes
> **los guisantes** peas

De segundo

Now listen to what is offered as a main course and choose the correct answers.

1 One person orders
   a asparagus omelette.
   b French omelette.
   c ham omelette.

2 Three people order fish but one wants it
   a boiled with potatoes and onions.
   b fried with chips.
   c cooked in a white sauce.

3 One girl chooses
   a egg and chips.
   b egg and asparagus.
   c egg and chorizo sausage.

4 One person wants beer but the others decide on
   a two bottles of red wine.
   b two bottles of white wine.
   c one bottle of each.

> **la chuleta de cordero** lamb chop
> **la merluza** hake
> **el filete** steak

De postre

Now listen to the choice of desserts, then decide whether the following statements are true or false:

1 The fresh fruit includes melon.
2 There's coconut custard.
3 The owner recommends ice-cream served with hot chocolate sauce.
4 There are no choc-ices.

> **el postre** dessert
> **el bombón-helado** choc-ice

Legumbres

Work out the names of these Spanish vegetables.

1 choalfasca
2 gosesrrapa
3 tapata
4 tomienpi
5 sanguites

4 Viajar

TARJETA INTER-RAIL. PARA VIAJAR EN TREN SIN QUE TE CUESTE UN FRANCO.

Ni un marco, ni una lira, ni una libra...

Porque con la Tarjeta Inter-Rail de RENFE tienes tren para largo. Austria, Bélgica, Dinamarca, Finlandia, Francia, Gran Bretaña, Grecia, Holanda, Hungría, Irlanda, Italia, Luxemburgo, Marruecos, Noruega, Portugal, República Federal Alemana, Rumanía, Suecia, Suiza y Yugoslavia.

Si eres menor de 26 años, durante el período mensual que tú elijas podrás viajar gratis en 2.ª clase y cuantas veces quieras por estos 20 países.

Sólo tienes que hacerte con una Tarjeta Inter-Rail de RENFE. Unicamente has de pagar por ella 24.075 pesetas. (Este precio está sujeto a muy pequeñas variaciones, dependiendo de la cotización de la peseta en relación con el franco U.I.C.). A partir de la frontera, ya sabes, el trayecto en tren no te costará un penique.

Y en el recorrido español hasta la frontera y viceversa, obtendrás un 50% de descuento sobre la Tarifa General.

La Tarjeta Inter-Rail puedes comprarla ya, en cualquier Estación de Ferrocarril, Oficina de Viajes RENFE o Agencia de Viajes autorizada.

Con ella tendrás también derecho a precios especiales en otros muchos medios de transporte de los países que recorras.

¡Márcate una buena ruta y sal —en tren— a ver mundo!

Para viajar en tren, es grande ser joven.

The Inter-Rail Card

If you're a student you can often save money when travelling. Read the advert above, then decide whether the statements are true or false.

1 Debes tener menos de 26 años para utilizar esta tarjeta.
2 Puedes viajar por 21 países.
3 Viajarás gratis en primera clase.
4 Dura un mes.
5 Cuesta 25.000 ptas.
6 No puedes viajar gratis por España.
7 En el recorrido español pagarás justo la mitad de la Tarifa General.
8 La Tarjeta Inter-Rail sólo se puede adquirir en las estaciones de ferrocarril.

la tarjeta card
para largo for a long run
gratis free
hacerse con to get hold of
sujeto a subject to
la cotización price
el trayecto journey
el recorrido run, route
el descuento discount
la tarifa fare

At the travel agent's

Elena needs to go to Madrid for the weekend. Listen carefully to the passage and choose the correct answer:

1 The single rail fare to Madrid is
  a 2.600 ptas.
  b 3.000–3.500 ptas.
  c 3.500 ptas.

2 In order to obtain a 40% saving on the airfare, you need to book
  a 48 hours in advance.
  b 3 days in advance.
  c 4 days in advance.

3 The reduced airfare to Madrid is
  a 16.520 ptas.
  b 9.910 ptas.
  c 9.520 ptas.

4 On a reduced fare you must
  a spend a Saturday in Madrid.
  b return on a Sunday.
  c leave on a Friday night.

5 Elena decides to leave on
  a the 10.10 flight Friday night.
  b the 6.20 flight Friday evening.
  c the 6.20 flight Thursday evening.

6 He would like to return
  a Sunday morning.
  b Sunday lunchtime.
  c Sunday evening.

quisiera	I would like
cada trayecto	each way
de antelación	in advance
el horario	timetable
regresar	to return
de vuelta	return

Aviso Importante

AVISO IMPORTANTE

El presente billete, emitido a Tarifa Especial MINI, está sujeto a deter-
minadas restricciones y limitaciones, entre las que cabe destacar:
  – Validez únicamente para los vuelos y fechas marcadas.
  – La penalización por cambio de fecha, cancelación o reembolso,
    antes de iniciado el viaje, será del 50% del valor del billete.
  – Una vez comenzado el viaje, no se permiten cambios de reservas,
    cancelaciones ni reembolsos.
La opción del pasajero por este billete a tarifa reducida significa su re-
nuncia a lo preceptuado en el R. D. 2047/1981 de 20 de Agosto, sobre
cancelación de plazas y reembolso de billetes.
(Para una más completa información, consulte a su Agente emisor).

Read the reduced-fares conditions and then answer these questions.

a Is there a charge for changing the date or time of the flight?
b What are the cancellation charges?
c Can you change the return portion of the ticket once you've begun your journey?

Booking a flight

Now it's your turn. Write down your part of the conversation, then act it out in pairs.

Vd: (Say hello. Ask the price of the return airfare to Madrid.)

Empleado: 16.520 pero con la Tarifa Mini hay un descuento del 40%.

Vd: (Ask how you get the discount.)

Empleado: Tiene que sacar el billete con cuatro días de antelación y pasar la noche del sábado en Madrid.

Vd: (Ask what the reduced fare comes to.)

Empleado: 9.910.

Vd: (Fine. Say you'd like to leave for Madrid on Thursday night. What times are the flights?)

Empleado: El jueves por la noche saldría a las 22.10. ¿Cuando piensa regresar?

Vd: (You'd like to fly back on Monday morning.)

Empleado: Hay un vuelo que sale de Barajas a las 9.10.

Vd: (That's perfect. Would he make the reservation please?)

Madrid
Metro a Metro.

Horario: 6 de la mañana a 1.30 de la madrugada
Diciembre 1983

[i] Oficinas información Metro. Tel. 435 22 66.   **E** ExpoMetro - Retiro   ⊖ Conexiones con Renfe   ▣ Estación Sur de Autobuses.

---

el espectáculo show
el relato story

Everyone in Madrid uses the **Metro** to get around.

Copy out the diary entry below, then use the adverts above to answer the questions.

JULIO **24**

mañana: Teatro Infantil
¿Cuando? ¿Donde? ¿Metro?

Tarde: Guernica - Picasso
¿Cuando? ¿Donde? ¿Metro?

Noche: Cine 19⁴⁵ Orient Express
¿Sala Nº ___? ¿Metro?

Using the Metro

1 You're not too sure about how to use the Metro so you ask a Spanish acquaintance for advice. Write down your part in the conversation, then act it out in pairs.

Vd: (You want to go to the Retiro. Which number line should you take?)

Sr. Martín: Bueno, vamos a ver. Su hotel está cerca de Nuevos Ministerios ¿no?

Vd: (Yes, just five minutes from the tube station.)

Sr. Martín: Bien. Tome la línea 6, dirección Laguna.

Vd: (Where would you change?)

Sr. Martín: Bájese en Manuel Becerra. Es la tercera parada.

Vd: (Which number line now?)

Sr. Martín: Luego cambie a la línea 2, dirección Cuatro Caminos y bájese en el Retiro.

Vd: (Repeat **all** the instructions. Then thank him.)

Sr. Martín: No hay de que.

2 Work on the following exercise with your partner. Don't forget to swap roles!
One of you is advising the other how to get to Atocha from the Retiro.
Check the route on the metro map opposite.

A: Excuse yourself and ask how to get to Atocha.

B: Say 'Atocha, let's see now. Take line 2 towards Cuatro Caminos and change at Sol.'

A: Recap the instructions.

B: That's it. Then take line 1 towards Portazgo and get off at Atocha.

A: Thank you very much.

B: Say 'Don't mention it.'

At the airport

You're at Madrid airport. Listen to the announcements on the tape and find the missing information.

On the bus

Of course, not everyone can afford to go by plane.

Listen to the tape and answer the following questions in Spanish.

1 Cuántas veces ha viajado Mercedes en autobús desde Málaga a Madrid?

2 ¿Qué inconvenientes tiene?

3 ¿Cuánto dura el viaje?

4 ¿Por qué viaja José de noche en esta ocasión?

5 ¿Prefiere el avión?

6 ¿Por qué merece la pena viajar en autobús?

5 Esos kilos de más

Dieta

The passage below is taken from the colour supplement of a Sunday newspaper. It's full of good advice for would-be dieters.
Read it through, then summarize the ten points in English.

In pairs

Do you think that the advice offered in the article would prove helpful?
Read it again and then see if you can suggest *five* more tips for dieters. Don't forget to write them down in Spanish.

Dieta

EN FORMA

Si quiere adelgazar, hágalo con la cabeza

10 trucos que ayudan a seguir la dieta

Se acerca el verano, y con él, la época en que adelgazar esos kilos de más se convierte para muchos en una pequeña obsesión.

El problema es que, de cada cinco que comienzan, sólo uno llega a la meta final. ¿Cuál es su secreto?

Le ofrecemos unos consejos que estamos seguros que le ayudarán a coronar con éxito la dieta escogida.

1 Si no tiene necesidad de estar en la cocina. Manténgase fuera de ella.

2 No tenga alimentos prohibidos en casa. No se puede comer lo que no hay.

3 Las porciones pequeñas no lo parecen tanto si las servimos en platos de postre.

4 Al cocinar, sustituya la sal y el azúcar por hierbas y especias, lo que le dará sabor a la comida sin añadirle calorías.

5 Cuando pida una ensalada en un restaurante, que se la traigan sin aliñar; añádale limón y una gotita de aceite.

6 No coma fritos. Hay que hacer desaparecer las sartenes de la cocina.

7 Cuando vaya a un restaurante no deje que le pongan pan en la mesa.

8 Supere la costumbre de comer cuando esté aburrido. En vez de quejarse de que no sabe qué hacer y dirigirse a la cocina, salga a dar un paseo o haga un poco de *jogging*.

9 Sírvase en la cocina, pues la tentación será demasiada si lleva las fuentes de comida a la mesa.

10 Sustituya la leche entera por la descremada. Emplee sacarina en vez de azúcar, y la mantequilla ni la mire.

---

adelgazar   to lose weight
el truco   trick
la meta final   final goal
el consejo   advice
mantenerse   to remain, stay
el alimento   food
el plato de postre   dessert plate
las especias   spices
aliñar   to dress a salad
fritos   fried foods
la sartén   frying pan
la fuente   bowl
la leche entera   full-cream milk
la leche descremada   skimmed mik

El yogur

Yoghurt is a perfect low-calorie snack for those trying to lose weight.

Read through this article. Then copy the article and fill in the blanks with words taken from the list below.

cucharada   perfeccionista   frigorífico   mismo   sólo   casa
saludable   hervir   nervios   calcio

El yogur forma parte de toda dieta __1__ . Contiene __2__ y minerales, estimula y al __3__ tiempo es excelente para los __4__ y el insomnio.

Normalmente se encuentran excelentes yogures en el comercio, pero si Vd. es __5__ puede elaborarlos en __6__ .

__7__ hay que __8__ un litro de leche. Enfriarla. Añadir una __9__ grande de yogur comercial a la leche tibia. Ponerlo en el __10__ cuando esté cuajado.

ALIMENTO MUY COMPLETO

Tiene todo el valor proteico de la leche, pero es mucho más digerible y asimilable que ella. Muy recomendable para niños, ancianos y enfermos.

en el comercio   on the market
elaborar   to make
enfriar   to cool
el frigorífico   fridge
cuajado   set
una cucharada grande   tablespoon
tibio   cool

El footing

Regular exercise also plays an important part in keeping your weight down.

Adolfo, a policeman in the Policía Nacional tells us why he decided to take up '**footing**'.

1 Why did Adolfo start jogging?

2 Why does he need to keep fit?

3 When did Adolfo lose weight?

4 Adolfo runs
   a every day.
   b twice a week.
   c every day he's not on duty.

5 When does he jog?

6 He can run 10 kilometres in about
   a 40 minutes.
   b 35 minutes.
   c 30 minutes.

el footing   jogging
el deporte   sport
una puesta   fitness
a punto   level
practicar   to go in for
efectivamente   sure enough
una marca   time, record

Puesta a punto

Many figure-conscious people attend an exercise class. But as Begoña explains there are many different benefits. Listen to the tape and then fill in the blanks.

1 Se beneficia todo el _____.
2 Es conveniente hacer ejercicios cuando se tiene _____.
3 Lo normal es asistir a clase _____ veces a la semana.
4 Si sólo se va dos veces, las clases deben ser de _____ minutos.

el entrenamiento   training
la cadera   hip
el cuello   neck
el reúma   rheumatism

It's your turn to give advice now.
Write a letter to an overweight Spanish friend who wants to lose a few kilos.

6 De compras

🖤 El día del libro

You're shopping in **El Corte Inglés**. Listen to the store announcement and answer the following.

1 Which department is holding the offer?
2 What discount is being offered?
3 How long does the offer last?
4 Does the offer apply to best-sellers?

apetecer	to feel like
el rollo de película	roll of film
un montón	a pile
la prensa	newspapers
el carnet de conducir	driving licence

Información

You work at the information desk in **El Corte Inglés**. Refer to the store guide and direct the following customers. Remember to give building, floor and department.

Visítenos.
Aquí encontrará todo lo que vd. necesita.

El Corte Inglés

A EDIFICIO PRINCIPAL

Planta	DEPARTAMENTO
6	Restaurante. Cafeteria. Autoservicio Rotonda. Pizzeria-Crêperie. Promociones especiales.
5	**JUVENTUD:** Tiendas. Joven El. Joven Ella. Tienda Vaquera. Boutique. Confección. Camisería. Punto. Ropa interior. Sport.
4	**DEPORTES:** Golf, Tenis, Caza, Pesca, Montaña, etc. Tiendas Adidas, Aerobic, Ellesse . . . **ZAPATERIA:** Señoras, Caballeros, Niños. STAND SCHOLL ZAPATERIA ANATOMICA. SERVICIO DE PODOLOGIA. PELUQUERIA DE SEÑORAS
3	**BEBES:** Carrocería, Canastillas, Confección. Regalos bebés. Zapatería bebés. **NIÑOS-NIÑAS:** Boutique. Confección. Ropa interior. Complementos. **JUGUETERIA. FOTORAMA:** Fotografía carnets instantáneos.

2	**CABALLEROS:** Sastreria a medida Boutiques Internacionales. Confección. Camisería y Punto. Ropa interior. Complementos. AGENCIA DE VIAJES. Artículos de viajes. CLUB DE GOURMET. **OFICINAS. DESGRAVACION FISCAL.** **POSTAL:** Envios nacionales e internacionales. PELUQUERIA DE CABALLEROS.
1	**SEÑORAS:** Boutiques internacionales. Peletería Confección. Ropa interior. Punto Complementos.
B	**COMPLEMENTOS:** Media. Joyeria Bisuteria. Relojeria. Pañuelos. Guantes. Cinturones. Paraguas. Bolsos. Perfumeria. Cosmética. Sombreros. Juegos de sociedad y electrónicos. Pasteleria. Golosinas. OPTICA 2000.
S1	Acceso Aparcamiento. Librería Prensa internacional. Revistas. Papeleria. Discos. Estanco. Fumador. Souvenirs. Instrumentos y equipos musicales. Microinformática. Fotografía. Mercería. VIDEO-CLUB. LABORATORIO FOTOGRAFICO. TEJIDOS. CARTA DE COMPRA. CAMBIO DE MONEDA EXTRANJERA. DESGRAVACION FISCAL. **IMAGEN Y SONIDO:** HI-FI, TV, VIDEOS. RADIOAFICIONADOS.

S2	OPORTUNIDADES

B EDIFICIO DEL MUEBLE

Planta	DEPARTAMENTO
	MUEBLES Y DECORACION: Dormitorios Salones Lámparas Cuadros. Galeria de Arte FARMACIA. VENTA DE AUTOMOVILES.

C EDIFICIO TEXTIL HOGAR

Planta	DEPARTAMENTO
2	**HOGAR MENAJE:** Accesorios Automóvil. Regalos. Cubertería. Boutique Lladró. Vajillas. Pequeños electrodomésticos. Ferreteria. Saneamiento. Bricolage. Cristalería Artesania. Platería.
1	**TEXTIL HOGAR:** Tapicería. Cortinas. Ropa de cama y mesa. Toallas. Alfombras. GRANDES ELECTRODOMESTICOS. MUEBLES DE COCINA. MUEBLES DE TERRAZA Y JARDINERIA.
B	**SUPERMERCADO. MESON.** Artículos de limpieza. Plásticos. Animales. Plantas. Floristeria. Reparación calzado. Tintoreria. ACCESO APARCAMIENTO.

Sra. García: Llevo toda la mañana de compras. Estoy cansada y me apetece tomar café.

Sr. Vidal: Necesito hacerme un foto rápido para mi carnet de conducir.

Anita: Necesito cambiar estos cheques de viaje en dólares.

George: Soy inglés: quiero comprar el *Times*.

José Luis: Estoy de vacaciones y sacando un montón de fotos. Necesito otro rollo de película.

De compras

You can find all these items in any large department store. Write down the name of each item and the appropriate building, floor and department for each one. Use the store guide opposite.

1
2
3
4
5
6
7
8

In a small town

Shopping in a small town you visit the shops below. Can you match up what you say in each shop with the right photo?

a Un bote grande de detergente, por favor.
b Déme una viena y seis bollitos de pan.
c Déme dos sellos de 17 pesetas y una caja de cerillas, por favor.

d ¿Tiene Vd. balones de fútbol?
e Quisiera ver unas gafas de sol.
f ¿Cuánto cuesta cada rosa?

At the supermarket

You enjoy shopping around for bargains. How many of the twelve items on your list below are on special offer this week at the local **supermercado**?

ALIMENTACION

ULTRAMARINOS

Mejillones en escabeche «ISABEL» 1/5, lote de tres unidades 220

Atún en aceite «ISABEL» 1/8 lote de tres unidades 135

Arroz «LA CIGALA» Bolsa de un kilo 89

Galletas CAMPURRIANA «CUETARA» 900 grs. 139

«NESQUIK», 400 gramos 178

Crema «NOCILLA», uno o dos sabores 500 gramos 204

Chocolate con leche «NESTLE», extra fino, 150 gramos 99

Tomate frito «STARLUX», 420 gramos 59

Melocotón en almíbar «LA MOLINERA», un kilo 151

Te TWININGS, 100 sobre 293

Aceite «KOIPE», 1°, 2 litros 454

Lote 2 unidades de Ketchup PRIMA con regalo de 1 bote de mostaza de 330 grs 559

Leche «RAM», litro y medio 114

Queso curado MANZANO, kilo 749

YOP (yogur liquido) de YOPLAIT 120

Queso fresco PHILADELFIA, tarrina 140

Helado granel hogar, litro y medio, CAMY 470

Palitos de merluza PESCANOVA, bolsa 500 gramos 185

Pescadilla PESCANOVA, bolsa kilo 260

Filetes merluza, FRUDESA, bolsa 400 gramos 230

Salchichas franckfurt, CAMPOFRIO 52

Chorizo Pamplona, ARGAL, kilo 630

Coffee
Tea
Milk
Potatoes
Biscuits
Yoghurt
Ice cream
Rice
Tinned fruit
Fish Fingers
Olive oil
Tuna fish

In pairs

Make out a shopping list in Spanish using six of the items advertised.

Your partner should work out the cost. Be specific; for example, 200 grammes of cheese, 3 tins of peaches, 2 packets of biscuits, etc.

Remember to swap roles!

el paquete packet
la bolsa bag
la lata can
el bote tin
la barra bar

On the way out of the supermarket a competition leaflet catches your eye.

Read it through, then choose the correct answers to the questions.

GRAN CONCURSO DE

BOKATASOLES

TODAS LAS PARTICIPANTES TENDRAN PREMIO

Forma de concursar

PARA TI, MAMA

Envíanos escrita tu receta del BOKATA ideal, indicándonos cómo has utilizado en el mismo la margarina KOIPESOL. Habrá premios para tres apartados diferentes:

1. EL BOKATA ILUSTRADO Y COMPLICADO
(No te importe el precio, haz un obra de arte).

2. EL BOKATA SABROSO Y ECONOMICO
(El que haces cada día con amor para tus niños).

3. EL BOKATA ORIGINAL
(Utiliza ingredientes poco comunes).

Incluye en el sobre, el precinto de aluminio de una tarrina de KOIPESOL.

Indica tu remite en el sobre y la carta.

PARA LOS NIÑOS

¿COMO TE GUSTAN MAS LOS BOKATAS?
Escríbelo a tu manera, corto o largo, incluyéndolo en la carta de tu mamá.

ENVIO: Todos los sobres participantes deberán enviarse a:

MARGARINA
KOIPESOL
Apartado 1,553
(20080) SAN SEBASTIAN

FECHA LIMITE DE PARTICIPACION:
15 de junio

FALLO DEL CONCURSO Y SORTEO DE PREMIOS:
31 de julio

---

1 What does the mother have to do?
   a send in her recipe for the ideal sandwich.
   b send in one sandwich recipe for each of the three categories.
   c explain why she uses margarine in all her sandwiches.

2 What do the children have to do?
   a draw their favourite sandwich.
   b write about how they like their sandwiches.
   c send in the recipe for their favourite sandwich.

3 All entries should be sent to
   a Madrid.
   b San Sebastián.
   c Barcelona.

4 In this competition there are
   a 3 main prizes.
   b 1 main prize and 100 smaller prizes.
   c prizes for every entry.

4 The closing date for entries is
   a 31st June.
   b 15th June.
   c 31st July.

7 Pasatiempos

Spot the difference

Doing puzzles is a popular pastime. Look at the 'Spot the Difference' pictures and listen to Rocío and Nacho on the tape. Write down the six differences they mention, then try to spot the remaining one yourself.

el pendiente earring
la boca mouth
la hoja leaf
el ojo eye
el moño bun, topknot
fíjate look at
el bigote moustache
la lengua tongue

Word Squares

See if you can find the seven words hidden in each square below:

```
S S A U V A N M O        B A C O S E F P S        C O S P I E T E R
C A R O B R E P O        L Z A T U R A L O        T A C O N E M S O
C O N E O L A L A        U A O B O N L A M        C A B E N U O T A
P A O D O S E A J        S P A D T O D A B        T O R E S B O O C
C E N N I O T T N        A A R A I O A A R        C A T L Z R A M O
C O R A C A S A A        O T L A M T O C E        S E O C O A N A L
S O N A T O M N R        S O N E C O S A R        T O R O M Z A G E
C A Z E R E C O A        N O M E T O L E O        T U A S O O C O N
M A N Z A N A O N        T U A S I M A C V        T O X A N R E I P
```

Ocho frutas   *Siete prendas de vestir*   *Siete partes del cuerpo humano*

28

Test cultural

Perhaps you prefer a quiz – a popular feature in most Spanish magazines.

In pairs, take turns at completing the quiz shown with your partner adding up the points. Compare your scores.

¿CUAL ES SU NIVEL CULTURAL?

¿Se siente relegada en las conversaciones importantes? ¿No entiende nada de política? No se preocupe, la mayoría de los españoles tienen ese mismo problema. Conteste las preguntas que le proponemos, y probablemente descubrirá que su nivel cultural no es tan pobre y que sabe más de lo que cree.

1 ¿Quién introdujo los espaguetis en Europa?

A Los cruzados.
B Marco Polo.
C Son de origen italiano.
D Napoleón.

2 ¿En qué emplea sus ratos de ocio?

A En ver la TV.
B En leer un libro.
C En salir por ahí a divertirse.
D Se tumba en el sofá a descansar.

3 ¿Quién era Antonio Pérez?

A Un descubridor.
B Un escritor del siglo XVII.
C El secretario de Felipe II.
D Un pintor.

4 ¿Qué regalo le gustaría para su cumpleaños?

A Un vestido.
B Un perfume.
C Un buen disco.
D Nada en especial.

5 ¿Quién compuso «Carmen»?

A Verdi.
B Chopin.
C Mozart.
D Bizet.

6 Dispone de dos horas libres en una ciudad que no conoce. ¿Qué hace?

A Tomarse una copa en una cafetería.
B Ir a ver un museo.
C Ir de compras.
D Se mete en el cine.

7 ¿En qué siglo vivió Isabel II?

A En el XIX.
B En el XVI.
C En el XVII.
D En el XIV.

8 ¿Quién inventó el teléfono?

A Edison.
B Bell.
C Pascal.
D Einstein.

9 Hereda un millón, ¿qué hace con el dinero?

A Lo pone a plazo fijo.
B Arregla el salón.
C Emprende un viaje a un lugar exótico.
D Se compra un coche nuevo.

10 ¿Dónde está la «National Galery»?

A En Nueva York.
B En Montreal.
C En Londres.
D En Dublín.

---

el nivel   level
el ocio   leisure
el salón   living room
a plazo fijo   on fixed deposit
emprender   to set off

SOLUCIONES AL TEST

DE 30 A 40 PUNTOS: Su nivel cultural es digno de elogio, puede ir por el mundo tranquilamente. Pero ¡ojo, no descuide sus ansias de conocer cosas nuevas! En cualquier lugar hay algo interesante que aprender, así que siga en la brecha y quizá algún día le pongan de ejemplo en los libros de historia.

DE 15 A 30 PUNTOS: ¡No está mal!, pero debe procurar prestar más atención a las cosas que lee. El saber no ocupa lugar, así que venza esa pereza que le atenaza y le impide estar más «en la onda» del mundillo cultural.

MENOS DE 15 PUNTOS: Desde luego su nivel cultural deja mucho que desear. Cómprese una pila de libros e inicie inmediatamente un «tratamiento cultural» que le ponga al día. Y, ¡anímese!, porque como dice el refrán «nunca es tarde si la dicha es buena».

---

digno   worthy
el elogio   praise
procurar   to try
la pereza   laziness
una pila   a pile
ponerse al día   to get up to date

SOLUCIONES AL TEST:

Pregunta 1: b-4 puntos.
Pregunta 2: a-1 punto, b-4 puntos, c-3 puntos, d-2 puntos.
Pregunta 3: c-4 puntos.
Pregunta 4: a-3 puntos, b-2 puntos, c-4 puntos, d-1 punto.
Pregunta 5: b-4 puntos.
Pregunta 6: a-1 punto, b-4 puntos, c-3 puntos, d-2 puntos.
Pregunta 7: a-4 puntos.
Pregunta 8: b-4 puntos.
Pregunta 9: a-2 puntos, b-1 punto, c-4 puntos, d-1 punto.
Pregunta 10: c-4 puntos.

🖳 Television

Most people enjoy watching TV in their spare time. Listen to the tape and decide whether the following statements are true or false.

> **los espectadores** viewers
> **la pantalla** screen
> **el informativo** news
> **la revista** review
> **celebrar** to take place
> **el bombardeo** bombing

Telediario

1 La revista aero-naval fue presidida por los Reyes de España.
2 El bombardeo tuvo lugar en Iraq.
3 Las víctimas eran de nacionalidad belga.

Programación

Listen to the rest of the tape and answer these questions in Spanish.

1 ¿Qué programa veremos el miércoles a las 7?
2 ¿Dónde tendrá lugar?
3 ¿Quién es Palomo Linares?

Miércoles

Take a look at Wednesday's programme guide. Which programmes would the following people enjoy? Answer in Spanish and remember to include the time and channel.

1 Tico is five. He likes Sesame Street.
2 Sara is studying English.
3 Mano enjoys watching sports.
4 Puri is learning to cook.
5 Nina loves soap operas.

> **el Telediario** news programme
> **los deportes** sports
> **el baloncesto** basketball
> **la masa** dough, pastry
> **despedida y cierre** close
> **Arco Iris** Rainbow

Miércoles 5
PRIMERA CADENA

Programación de cobertura regional.
14,55.—Conexión con la programación nacional.
15,00.—Telediario. Primera edición.
15,35.—Falcon Crest. «Primer Asesinato». Carlo Agretti es encontrado asesinado y Cole Gioberti aparece como único sospechoso.
16,30.—¡Viva la tarde!
17,30.—De aquí para allá. «La Oliva, al otro lado de la clausura trapense». Centro Regional de Navarra.
18,00.—Letra pequeña.
18,25.—¡Hola chicos!
18,30.—Barrio Sésamo. «El eco y Espinete».
18,55.—Toros. Feria de San Isidro. Toros de «El Torero». Diestros: Palomo Linares, Julio Robles y José Cubero «Yiyo».
21,00.—Telediario. Segunda edición.
21,35.—Sesión de noche. «El fuera de la ley». 1976. Director: Clint Eastwood. Intérpretes: Clint Eastwood, Chief Dan George, Sandra Locke, John Vernon. Al término de la guerra civil americana, grupos de soldados de ambos bandos que se niegan a entregar las armas, se dedican al crimen y al pillaje.

00,05.—Las cuentas claras. «El impuesto europeo».
00,30.—Telediario. Tercera edición.
00,50.—Teledeporte.
01,05.—Testimonio.
01,10.—Despedida y cierre.

SEGUNDA CADENA

18,59.—Apertura y presentación.
19,00.—Agenda.
19,10.—Curso de inglés. Lección 54.
19,25.—En marcha.
19,45.—Arco iris. «El pop-art».
20,00.—Tablón de anuncios. «Movida de Granada».
20,30.—Con las manos en la masa. «La fideuá».
20,55.—Baloncesto. Campeonato de Europa. Desde Karlsruhe, España-Yugoslavia.
22,30.—Documental. «Biotipo».
23,00.—Tatuaje. «Ensayo general con Lina Morgan».
24,00.—Enredo. Episodio 10. Jessica comunica a su hermana Mary que está convencida de que sobre la familia a caído una maldición.
00,25.—Resumen informativo.
00,55.—Despedida y cierre.

Recomendamos

Read about the Clint Eastwood film being shown on Wednesday, then answer the questions.

1 What time does the film start?
2 What is the setting?
3 Who directed the film?
4 When was it made?
5 Which channel is it on?

Old films are still very popular on TV. Read the preview on *For Whom the Bell Tolls,* then answer the questions below in Spanish.

1 ¿Quiénes son los protagonistas?
2 ¿Quién fue autor de la novela en la que está basada la película?
3 ¿Cuándo tiene lugar la historia?
4 ¿Fue bien recibida en España?
5 ¿Cuándo la podemos ver?

volar to blow up
mandar to lead, command
rudo rough
tosco coarse
el asalto attack
prohibido banned

Films on TV

Summarize the story of a film you recently enjoyed on TV using a maximum of 100 words.

Use the preview above as a guide.

Read this advert

1 What does the heading mean?
2 How does the ad suggest you spend your spare time?

divertirse to have fun
el personaje character
proponerse to plan to do
ratos libres spare time
ameno pleasant
el protagonista hero
la cartelera cinema ads
el papel role

8 Sobre ruedas

⊙ Alquilar un coche

Listen to this conversation at a car-hire firm
and answer the questions.
You may need to rewind to find the answers.

1 Who is the car for?
2 How many are there in the family?
3 How do they plan to spend their holiday?
4 What car does the car-hire man
   recommend?
5 Does he recommend limited or unlimited
   mileage?
6 What is the price for one week?
7 How much a day for insurance?
8 I.T.E. is a tax added on to the total. What
   percentage of the total?
9 How much would the deposit be?

> **alquilar** to hire
> **un matrimonio** married couple
> **ilimitado** unlimited
> **el seguro** insurance
> **por adelantado** in advance

CONDICIONES DE LA TARIFA
Información General

Periodo mínimo de alquiler 1 día (24 horas). Es necesario haber cumplido los 23 años de edad y estar en posesión de un permiso de conducir al menos con 1 año de antigüedad.
Seguros: Las tarifas incluyen responsabilidad civil ilimitada. El cliente es responsable de los daños ocasionados al vehículo. Para obtener seguro que cubra los daños propios del vehículo y ocupantes, el cliente deberá abonar una prima de **400 ptas.** diarias.
Entregas y Recogidas: Horas de oficina de 9 a 20 horas. Las que se produzcan después de dichas horas se facturarán a razón de las tarifas.

Formas de pago: Se abonará por anticipado el importe aproximado del alquiler, más un depósito mínimo de 5.000 ptas.
No se incluyen en el precio: La gasolina, pinchazos, remolques, estancias en garajes, multas y averías no fortuitas.
Los días de paralización del vehículo: Por averías, siniestros del vehículo o la retención del mismo por Organismos Públicos y se deban a negligencias del conductor se le facturarán a razón de la tarifa de kilómetros ilimitados.
Impuestos: 4% del I.T.E. sobre el total de la factura.
Gasolina super.

You pick up a car-hire leaflet at your hotel.
Read it carefully and then answer the
following:

1 Ana is 21 and has been driving for three
   years. Can she hire a car?
2 Felipe is 25 and passed his driving test six
   months ago. Can he hire a car?
3 Will the car-hire firm cover the cost of a
   puncture?
4 Do they recommend you to use 2-star
   petrol?
5 Can I hire a car for a couple of hours?

> **los daños** damage
> **abonar** to pay
> **facturar** to bill, invoice
> **el remolque** towing
> **la avería** breakdown
> **el siniestro** accident

From this point on you should . . .

Finding a parking space in town can be difficult. How long can you stay and how should you park?

Dealing with a puncture

It's not difficult to change a tyre, but the instructions below have got muddled up. See if you can place them in the correct order.

a Bajar el coche.
b Echar el freno de mano.
c Cambiar la rueda y poner las tuercas.
d Aflojar las tres o cuatro tuercas con la manivela sin desenroscarlas.
e Apretar enérgicamente las tuercas de la rueda con la manivela.
f Colocar el gato en posición y levantar el coche.

> **el pinchazo** puncture
> **la rueda** wheel
> **el freno de mano**
>   handbrake
> **aflojar** to loosen
> **desenroscar** to unscrew
> **apretar** to tighten

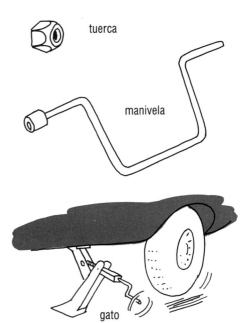

tuerca

manivela

gato

Peatones

What should you do if you are a pedestrian?

Situaciones de emergencia

This magazine article looks at how to act in an emergency. See if you can match the six situations mentioned with the correct pictures.

pisar a fondo	to step on
evitar	to avoid
el golpe	blow
el volante	steering wheel
desalojar	to evacuate
sofocar	to smother, put out
una avispa	wasp
detener	to stop
los frenos	brakes
fallar	to fail
cambiar velocidad	to change gear
el parabrisas	windscreen
dar un puñetazo	to punch
una inspiración profunda	a deep breath

1 Si la colisión parece inevitable. Pisar a fondo el freno y cerrar la llave del contacto para anular la posibilidad de incendio. Echarnos a un lado para evitar el golpe contra el volante, pero no soltarlo.

2 Si el coche se incendia. Cortar el encendido del motor inmediatamente y desalojar el coche. Actuar con calma y tratar de sofocar el fuego con mantas, arena, extintor o con un sifón, pero nunca con agua. Si el fuego se acerca al depósito de gasolina, hay que alejarse rápidamente.

3 Si una avispa se ha metido en el automóvil. No alterarnos ni perder la calma. No apartar la vista de la carretera ni soltar las manos del volante. De ningún modo intentar echar al insecto en marcha. Detener el coche, apartándonos de la carretera, y echarlo con tranquilidad.

6 Si el automóvil cae al agua. Mientras el coche flote hay que tratar de salir por una puerta o ventana. Si no se consigue, hay que pensar que no se podrán abrir las puertas hasta que éste se haya llenado de agua. No olvidar entonces que en la parte más elevada se forma una bolsa de aire, donde se puede respirar durante algún tiempo (poco pero suficiente si no se pierde la serenidad). En cuanto se puedan abrir las puertas, hacer una inspiración profunda y aprovechando el aire de la bolsa y salir lo más rápidamente posible.

4 Si fallan los frenos. Accionar el pedal del freno rápida y frecuentemente. Actuar con el freno de mano de forma rápida y progresiva, pero sin violencia. Cambiar a una velocidad menor. Y si no queda otro remedio, desviar el coche fuera de la carretera.

5 Si el parabrisas del coche se rompe. Desconfiar de la grava porque al ser lanzada por las ruedas de otro vehículo puede dar contra el parabrisas y cuartearlo, volviéndolo opaco y dejándonos sin visibilidad. Si esto ocurre, no asustarse, y dar rápidamente un puñetazo al cristal roto para abrir una ventana que permita ver la carretera.

a

b

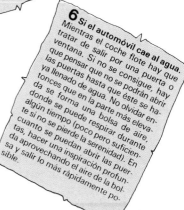

c

d

e

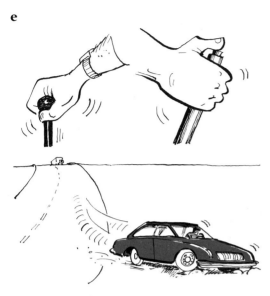

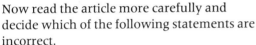

Now read the article more carefully and decide which of the following statements are incorrect.

1 Para evitar una colisión frontal se debe acelerar.
2 En caso de fuego en el vehículo se puede echar agua.

f

3 Cuando una avispa entra en su coche es necesario parar el coche antes de actuar.
4 Si los frenos fallan salga de la carretera inmediatamente.
5 Si el coche cae al agua se pueden abrir las puertas cuando esté lleno de agua el interior.

What do you think?

Read the advice given below and decide if it is correct. Give reasons if you don't agree.

> **frenar en seco**   to brake hard
> **atropellar**   to run over
> **bloqueado**   jammed
> **rodando**   turning
> **las heridas**   injuries

No debemos frenar jamás en seco si hemos atropellado a una persona. Si las ruedas pasan sobre ella bloqueadas, es mucho peor que si pasan rodando.
Bloqueadas causan héridas más importantes.

✐ Como actuar

Refer back to the **Situaciones de emergencia** section. Have you ever found yourself in any of these situations? Write a short article in Spanish (200 words maximum) explaining what happened and how you coped!

☉ En caso de emergencia

Listen to the interview with señor Bermúdez and answer the following questions.

1 Which magazine does he work for?
2 Why should you turn off the ignition if you have an accident?
3 What should you do if your brakes fail?
4 What do you do if your windscreen shatters?
5 What is the most important thing to remember to do if there's a wasp in your car?

9 Dígame

SERVICIOS DE LA COMPAÑIA

				AEROPUERTO
INFORMACION HORARIA	INFORMACION METEOROLOGICA	NOTICIAS DE R.N.E	INFORMACION DEPORTIVA	23 23 00 23 92 00
093	**094**	**095**	**097**	

COMUNICACIONES NACIONALES

En el siguiente mapa del país se indican los códigos territoriales correspondientes a las Redes Automáticas de cada provincia, que hay que anteponer al número del abonado con el que se desee comunicar. El conjunto de las Redes Automáticas Provinciales forman la

RED AUTOMATICA NACIONAL

TELEGRAMAS POR TELEFONO
47 03 45

RENFE
31 25 00

AVISO DE AVERIAS
002

CORREOS

Cordoba	**47 82 67**
Baena	**67 11 22**
Cabra	**52 01 66**
Lucena	**50 07 10**
Montilla	**65 05 67**
Montoro	**16 04 91**
Palma del Rio	**64 37 08**
Peñarroya-Pueblonuevo	**56 14 46**
Priego de Cordoba	**54 09 51**
Puente-Genil	**60 06 94**

TELE-RUTA
Estado Carreteras
91-441 72 22

RADIO TAXI
80 29 00

Look at the information above taken from the phone book.

¿Qué número debe Vd. marcar cuando . . .?

1 Su teléfono no funciona bien.
2 Quiere saber a qué hora llega a Málaga el vuelo IB729 de Londres.
3 Vd. está en Málaga y quiere llamar a su madre en Madrid.
  ¿Qué prefijo marca?
4 Quiere mandar un telegrama.
5 Piensa ir de excursión mañana. ¿Lloverá?
6 No sabe el prefijo para llamar a Ana que vive en Sevilla.
7 Necesita un taxi.
8 Su reloj no anda bien.

aviso de averías repairs
la red network
correos postal system
marcar to dial
funcionar to work
el vuelo flight
el prefijo code
ir de excursión to go on an outing

Phone home

Read through this phone ad, copy it out, and fill in the blanks with words taken from the list below.

cambiar   contigo   sentir   manera
casa   sonrisa

Keeping in touch

1 When is the cheapest time to phone?
2 How much do you save?

recordar   to remember
la tarifa   charge
los suyos   your family

Making a phone call

Listen to the tape. You will only hear one side of the conversation but should have no difficulty following what it is about. Then choose the correct answer below:

1 Juan wants to order a taxi for
 a tomorrow.
 b the day after tomorrow.
 c tomorrow morning.

2 He needs to be at the airport by
 a 7.00.
 b 7.30.
 c 7.15.

3 The taxi firm thinks the trip will take
 a twenty minutes.
 b thirty minutes.
 c forty minutes.

4 Juan lives at
 a Hortaleza n°7.
 b Santa Susana n°7.
 c Santa Susana n°9.

5 What is his phone number?

el aeropuerto   airport
aconsejar   to advise
la salida   departure

Now it's your turn – you need to book a taxi. Write down your part of the conversation, then act it out in pairs.

> Vd: (Say hello. You want to book a taxi for tomorrow evening.)

Central
de taxi: Bien, ¿para dónde?

> Vd: (You have to be at the airport by nine o'clock.)

Central
de taxi: ¿A qué hora necesita el taxi?

> Vd: (You're not sure – perhaps they can advise you. You live in Orense . . . in calle Santa Marta nº 15.)

Central
de taxi: Desde Orense se tarda unos 20 minutos a Barajas.

> Vd: (Say in that case you'll leave at 8.30. Repeat your address.)

Central
de taxi: ¿Me da su nombre, por favor?

> Vd: (Yes. Give your name.)

Central
de taxi: ¿Tiene teléfono?

> Vd: (Yes, it's 651 46 37.)

Central
de taxi: De acuerdo. Muchísimas gracias. Adiós.

The phone never lies!

Read this magazine article on phone manners. Then decide whether the statements below are true or false.

1 You sound more pleasant on the phone if you smile.
2 The way you sit affects how you sound over the telephone.
3 The tone of your voice rises when you tell a lie.

la esclava slave
los trucos tricks
sonreír to smile
los locutores de radio broadcasters
practicar to use
los labios lips
el interlocutor speaker
arisco surly
tapar to cover
el auricular receiver
notarse to be noticed
tener en cuenta to bear in mind
estar comprobado to be proved

EL TELEFONO NO MIENTE JAMAS

Para no ser esclava de este maravilloso utensilio de comunicación es necesario saber sus trucos. Puedes empezar por sonreír mientras hablas, pues así tu voz llegará con un tono mucho más agradable. Este es un detalle que los locutores de radio practican desde siempre. Como no se percibe el movimiento de tus labios, has de hablar más lentamente que cuando tienes delante a tu interlocutor. Si el ritmo habitual es de ciento ochenta palabras por minuto, no digas más de ciento veinte. Evita por encima de todo responder con un «diga» arisco, malhumorado o pretencioso. Es absolutamente intolerable. Tan intolerable como tapar el auricular con la palma de la mano mientras haces un comentario a la persona que tienes al lado si se trata de algo que pueda ofender a quien te llama. Se nota siempre y quedas fatal. Trata de sentarte derecha, pues, al teléfono, las posturas acrobáticas quitan inflexiones a la voz, y ten muy en cuenta que es más difícil mentir por teléfono que cara a cara, aunque nadie lo crea. Está comprobado, pues el tono de voz se eleva sin querer cuando mientes y lo percibe el interlocutor, que está concentrado sólo en tu voz.

Diga, diga . . .

This is an interview format which appears regularly in the magazine *Dunia*. The reporter rings up a famous personality and asks him or her the following questions.

First write down what you would answer. Then interview a friend in the class and write down his/her answers.

¿Dónde le gustaría vivir?

¿Qué es para usted la felicidad?

¿Cuál es la mayor desgracia que podría ocurrirle?

¿Qué es lo que más le molesta en un hombre?

¿Qué es lo que más le molesta en una mujer?

¿Cuál es su principal virtud?

¿Cuál es su mayor defecto?

¿Qué es lo que más le divierte?

¿Qué o quién le hubiera gustado ser?

¿Cuál es su escritor favorito?

¿Cuál es su pintor favorito?

¿Cuál es su músico favorito?

¿Cuál es su color preferido?

¿Le tiene miedo a algo?

¿Qué lleva en los bolsillos?

¿Tiene alguna manía?

¿De qué o quién está enamorado?

¿De qué se arrepiente?

¿Qué se llevaría a una isla desierta?

la felicidad happiness
la desgracia misfortune
molestar to annoy
la virtud virtue
el defecto fault
el escritor writer
el pintor painter
el músico musician
los bolsillos pockets
la manía whim, fancy
arrepentirse de to regret

10 Vacaciones

Morocco is one of Spain's most fascinating neighbours. Would you enjoy a holiday there? Simply answer yes or no to the quiz below and then check the results.

> 1 Te fascina lo exótico y misterioso.
> 2 Te encanta regatear cuando vas de compras.
> 3 Te entusiasma probar una comida muy distinta.
> 4 Te impresiona la artesanía rica y variada.
> 5 Te interesa un folklore pintoresco y animado.

Predomina el sí en tus respuestas

Marruecos resulta el lugar ideal para tus vacaciones. Allí disfrutarás de todo lo que más te interesa.

Predomina el no en tus respuestas

¡No sabes lo que te pierdes!
Quizás es hora de ampliar tu panorama personal en cuanto a vacaciones.

El Marruecos que usted debe conocer

regatear to bargain
la artesanía craftswork
animado lively
pintoresco colourful
disfrutar to enjoy
ampliar to widen

At the travel agency

Many people visiting the Costa del Sol decide on a trip to nearby Morocco.

Listen to the tape and choose the correct answer.

1 There are package holidays to Morocco for
  a 1, 2, 3, 4 or 7 days.
  b 1, 2, 3 or 7 days.
  c 1, 4 or 7 days.

2 Do they offer a special 4-day trip?
  a yes.
  b no.
  c if there are enough people interested.

3 Trips leave every
  a Saturday.
  b Sunday.
  c Monday.

4 The price for a 7-day trip is
  a 35.000 ptas.
  b 27.000 ptas.
  c 37.000 ptas.

5 Trips include
  a half-board, coach and visits.
  b full-board, coach and visits.
  c half-board, coach but not visits.

6 Half-board includes
  a breakfast and a packed lunch.
  b breakfast and lunch.
  c usually breakfast and dinner.

7 Which of these towns is not included in the trip?
  a Fez.
  b Meknes.
  c Marrakech.

programado package
recoger to pick up
media pensión half board
el guía guide
4 estrellas 4-star
el desayuno breakfast

Tres ciudades

Here are three descriptions taken from a travel brochure. Unfortunately, the names have got mixed up. See if you can match the name of the town with its description. The map opposite may help.

el corazón heart
el espectáculo spectacle
los narradores de cuentos story tellers
los encantadores de serpientes snake charmers
el hechicero sorcerer
el alma soul
los zocos markets
prestar to lend
la sala de fiestas nightclub
la sonrisa smile

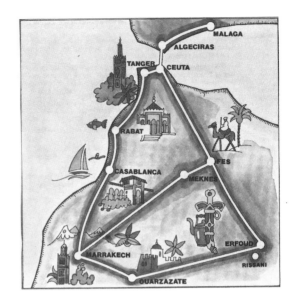

a TANGER

c MARRAQUECH

b CASABLANCA

1 Con una población de cerca de 270.000 habitantes, es la capital del Sur de Marruecos.
El atractivo fundamental de la ciudad está en la famosa plaza *Djemaa el Fna*, situada en el corazón de la misma. A media tarde la plaza se convierte en uno de los espectáculos más fascinantes jamás visto: acróbatas, narradores de cuentos, encantadores de serpientes, bailarinas, hechiceros. . . . Aquí hallará toda el alma del Sur.

2 Ciudad de unos 165.000 habitantes. Cosmopólita, situada estratégicamente entre un océano, un mar y dos continentes.

Cerca de Ceuta. Posee innumerables atractivos: el sol, la brisa del mar, los zocos, sus calles y callejuelas que descienden hasta el puerto. Sus playas forman parte de un decorado pintoresco en que se respira un ambiente único.

3 Ciudad que prestó su nombre a la más famosa película de Humphrey Bogart e Ingrid Bergman. Es, sin duda, la capital económica de Marruecos. Es una ciudad totalmente moderna y la más populosa del Reino. Ofrece sus salas de fiestas, sus hoteles confortables. Ofrece una blanca sonrisa a todo quien la visita.

Holiday brochures

On the way out of the travel agency you pick up several holiday brochures including one for the 7-day tour. Can you find the answers to the questions in the list?

RONDA IMPERIAL
(7 días / 6 noches)

1.º día.- COSTA DEL SOL - ALGECIRAS - CEUTA - FEZ.
Recogida en los distintos hoteles. Salida hacia Algeciras. Embarque en ferry, para cruzar el Estrecho de Gibraltar con destino Ceuta. Paso de la frontera por Tetuán (almuerzo libre). Continuación del viaje hacia Fez. Cena y alojamiento.

2.º día.- FEZ.
Desayuno y visita completa de la ciudad. Tarde libre. Cena y alojamiento en Fez.

3.º día.- MARRAKECH.
Desayuno y salida hacia Marrakech, para el Beni Mellal (almuerzo libre). Continuación a Marrakech. Cena y alojamiento.

4.º día.- MARRAKECH.
Desayuno y visita de la ciudad. Tarde libre. Cena y alojamiento.

5.º día.- MARRAKECH - CASABLANCA - RABAT.
desayuno y salida hacia casablanca. Visita panorámica (almuerzo libre). Continuación hasta Rabat. Cena y alojamiento.

6.º día.- RABAT - TANGER.
Desayuno y visita de la ciudad, continuando el viaje hasta Tánger (almuerzo libre). Visita de Tánger. Cena y alojamiento.

7.º día.- TANGER - CEUTA - ALGECIRAS - COSTA DEL SOL.
Desayuno y salida hacia Ceuta (tiempo libre). Paso de la frontera marroquí, embarque para Algeciras y continuación hasta la Costa del Sol.

COMPRAS:

Piezas de alfarería, alfombras, joyas de plata cincelada, maderas talladas, cueros repujados, cerámicas, piezas de artesanía en metal y bronce. Antiguedades y bordados.
(aconsejamos el regateo en sus compras).

Habrá que probar y repetir el té que se bebe con hierbabuena o con otras yerbas.

1) Supplement if travelling alone?
2) Any jabs needed?
3) Currency?
4) Time difference?
5) Good buys
6) Typical dishes?
7) Do they speak Spanish?

la alfarería pottery
la alfombra carpet
danza de vientre belly dance
el consejo advice
cálido hot
aconsejable advisable
la ropa de abrigo warm clothing
los pinchazos jabs

DATOS DE INTERES

IDIOMA. El idioma oficial es el árabe, pero el castellano y el francés se hablan en casi todo el país.

HORA LOCAL. Una hora menos que en España (en verano dos horas menos).

Consejos útiles para viajar por Marruecos

● Si realmente estás interesada en conseguir un guía, en la Oficina de Turismo (las hay en todas las grandes ciudades) encontrarás un guía oficial cuyo coste, por día, será de unas 500 pesetas.

● De todas formas, antes de comprar, no olvides regatear. Muchas veces te piden hasta cuatro veces más del valor de un objeto. Un buen consejo es que al principio no muestres demasiado interés.

● El clima suele ser muy cálido, sobre todo en verano. De todas formas, si se viaja por el interior, es aconsejable llevar ropa de abrigo para las noches.

● Si te asustan los «pinchazos», puedes estar tranquila, no hace falta ningún tipo de vacuna para visitar Marruecos.

1 dirham marroquí equivale aproximadamente a 20 pesetas.

GASTRONOMIA:

El plato nacional es el COUSCOUS, compuesto de sémolas, verduras, cordero, pasas, todo ello aliñado con ajo, cebo...

HARIRA:
Sopa típica, compuesta de legumbres, huevos y carne.

MECHOUI:
Es el típico Cordero a la brasa (excelente).

TAJINE:
Cazuela de barro con verduras puede incluir pescado, cordero ó pollo.

KEFTA:
Carne picada a la brasa, con especias.

Tampoco debes dejar de beber el té a la menta, casi, casi, bebida nacional.

SALIDAS:	
TODOS LOS DOMINGOS DEL AÑO	

PRECIOS POR PERSONA:	
En habitación doble	37.000.-
Suplemento individual	8.000.-
Suplemento salidas desde el 14/7 al 15/9, inclusives	2.500.-
Suplemento salida 21/12	2.500.-
Niños de hasta 10 años, compartiendo habitación	Descuento 25%

INCLUYE:
– Autocar aire acondicionado.
– Guía acompañante y guías locales.
– Visitas y excursiones que se indican.
– Media Pensión.

 Now check through the information again and write a brief summary in English (75–100 words) of the 7-day tour.

Don't miss . . .

It's always useful to get some first-hand advice when planning to visit a country. Laila is a Moroccan girl living in Spain. Listen to the conversation and decide whether the statements below are true or false.

1 Para beber Laila recomienda el té de menta.
2 Los dulces en Marruecos se hacen con nata y nueces.
3 La gelibea es el traje típico de Marruecos.
4 Es corto y lleva dorado por las mangas.
5 Según Laila, debes comprar tus gelibeas en las tiendas.
6 Son más baratas en las tiendas porque hay menos turistas.
7 Antes de comprar tienes que regatear.
8 Laila piensa que una gelibea puede costar unas 1.000 ptas.

los dulces	sweets
la nata	cream
la miel	honey
las nueces	nuts
el traje	dress
dorado	gilt
la manga	sleeve
el zoco	bazaar
regatear	to haggle

Where did you go?

1 Pablo's class is compiling a survey – **una encuesta** – of young people's tastes in holidays. First he asks Patricia. Copy out the survey sheet below:

	Patricia	Pablo	Tú	
1 ¿Cuándo?				
2 ¿Dónde?				
3 ¿Duración?				
4 ¿Lo bueno?				
5 ¿Lo malo?				
6 Resumen				

2 Listen to the passage in which Pablo questions Patricia. Fill in the answers to the questions on your survey sheet in the column marked Patricia. Then do the same in the column marked Pablo when he gives his own views.

3 It's your turn to make the survey now. Fill in your own views and then fill in the name of a class mate at the top of the remaining column. Ask all the questions and fill in his/her replies.

4 Write a letter to your Spanish pen-friend in which you talk about your last holiday. You can use your answers to the six questions as the basis for your letter.

11 La música de hoy

Most of the pop music you hear in Spain comes from America and Britain. Here is part of an article on Michael Jackson taken from the magazine *Hola*. Read it through and fill in the blanks with words taken from the list below:

elepé   único   cumplió   jardín   cinco   cuida   fortuna
gira   ídolo   padres   testigo   agosto   estudios
mascotas   acompañan   nació

EL NEGRO QUE TENIA EL GUANTE BLANCO

MICHAEL JACKSON

En la última semana del mes de ___I___ , como casi todo el mundo sabe, y concretamente el día 29, Michael Jackson ___2___ veinticinco años. El popular cantante ___3___ en 1959 en Gary, ciudad al Norte del Estado de Indiana (USA). Sus ___4___ : Katherine y Joseph (operario de grúas, antiguo líder en los años 50 de diversos grupos que versioneaban en Chicago los temas de Chuck Berry, Fats Domino, etc.). La familia Jackson está formada por ocho hermanos, ___5___ de los cuales le ___6___ en su multimillonaria ___7___ veraniega por Estados Unidos.

Michael Jackson desde los cinco años ha vivido la mayor parte de su vida sobre los escenarios o en ___8___ de grabación. Su ___9___ personal ha sido calculada en 16.000 millones de pesetas y varios records en el libro Guinness, entre ellos el de ser el ___10___ cantante que ha vendido 35 millones de ejemplares de un ___11___ ; su famoso "Thriller".

Pero hemos querido saber un poco más de este joven ___12___ mundial llamado Michael Jackson, que no bebe, no fuma, no ha tomado nunca ningún tipo de droga, es vegetariano y ___13___ de Jehová y que la mayor parte de su tiempo libre lo pasa en casa, donde tiene una reproducción del refugio de piratas de su adorada Disneylandia, su lugar de diversión favorito. En el ___14___ tiene a sus ___15___ : un avestruz, una cacatúa, un guacamayo, un carnero llamado "Mister Tibbs", los cervatillos "Prince" y "Princess", la llama "Louis", la boa "Muscles" que le regaló Diana Ross y hasta un pequeño tigre, a todos los cuales ___16___ personalmente.

el operario de gruas crane driver
el tema song
el ejemplar copy
el escenario stage
el refugio de piratas pirates' den
la diversión pastime
el avestruz ostrich
la cacatúa cockatoo
el cuacamayo macaw
el carnero ram
el cervatillo deer

The school magazine is producing brief profiles on various singers. Copy down the form to be used and then fill in the details.

```
DATOS PERSONALES
Nombre... MICHAEL JACKSON ....    Religión........................

Edad........................     Fortuna personal.................

Lugar de nacimiento...........   Elepé más vendido................

Hijo de.......y...............   Bebida favorita..................

Oficio del padre..............   Comida favorita..................

Hermanos......................   Pasatiempos......................
```

Entrevista

The article on the opposite page ends with a personal interview. Below are some of the questions asked. See if you can match the singer's answer to each question.

sencillo natural, unaffected
mantener to maintain
coleccionar to collect
rodear to surround
disfrutar to enjoy oneself

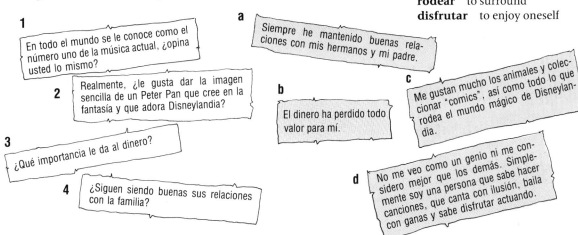

1 En todo el mundo se le conoce como el número uno de la música actual, ¿opina usted lo mismo?

2 Realmente, ¿le gusta dar la imagen sencilla de un Peter Pan que cree en la fantasía y que adora Disneylandia?

3 ¿Qué importancia le da al dinero?

4 ¿Siguen siendo buenas sus relaciones con la familia?

a Siempre he mantenido buenas relaciones con mis hermanos y mi padre.

b El dinero ha perdido todo valor para mí.

c Me gustan mucho los animales y coleccionar "comics", así como todo lo que rodea el mundo mágico de Disneylandia.

d No me veo como un genio ni me considero mejor que los demás. Simplemente soy una persona que sabe hacer canciones, que canta con ilusión, baila con ganas y sabe disfrutar actuando.

My kind of music

Listen to Asumpta talking about her tastes in music, then choose the correct answer:

1 Asumpta likes
  a all kinds of music.
  b pop music.
  c only slow music.

2 Name her favourite singer.

3 Asumpta can't stand
  a reggae.
  b hard rock.
  c synthesized music.

4 Does she go to concerts?
  a yes, if she can afford it.
  b no, they're too expensive.
  c only if she's really keen.

5 Does Asumpta often buy records or cassettes?

la música lenta slow music
de moda up-to-date
predilecto favourite
el heavy hard rock
suelo I usually ...
grabar to tape

Discos

Read through these record reviews in *Super Pop*, then decide which records are described by the following statements.

desquitarse to make up for
destuparse to show one's true colours
apuntar a to aim

1 Dance at home to a new singer in the band.
2 A popular mixture with young people and a great success.
3 After a long time without a new record, we now have lots to dance to with this one.
4 This group drove us mad three years ago, then disappeared . . .
5 This record has come out in time for the summer.
6 A disco group aiming for number one.

Disco marchoso

Disco romántico

Rod Stewart *Love touch*

Llevaba tiempo el rubio de oro sin grabar y esta vez lo ha hecho antes del verano. Nos presenta un formidable LP, pero te decimos que le prestes especial atención al maxi, porque en él hay tres temas rabiosos para bailar, dos de rápidos y uno de lento para desquitarte, así que va de disco supercompleto. "Love touch" es el tema del filme "Legal eagles".
Single y maxi: Love touch/Hard lesson to learn

 LP y cassette: Love touch
Estilo: Disco & romántico

Stargo *Superman*

Hace tres años Stargo nos volvió locos todo un verano entero con sus temas discotequeros y luego desapareció. Ahora reaparecen con una canción que puede ser un n.° 1 tan loco o más que el de los Video Kids de hace un año, ¿recuerdas? Pocos temas van a bailarse tanto en todas partes como este "Superman" que ya vuela para ti.
Single y maxi: Superman

 LP y cassette: Superman
Estilo: Disco

Olé Olé *Bailando sin salir de casa*

Presentando a Marta como nueva cantante, con "Lili Marlen" de tema estrella y el corte que da título al álbum como novedad, más tecnos y discotequeros que nunca, los nuevos Olé Olé se destapan este verano y apuntan al n.° 1. Muy bueno el sonido y las letras, pero sobre todo la fuerza bailable de su nuevo estilo.
Single: Bailando sin salir de casa.

 LP y cassette: Bailando sin salir de casa. **Estilo:** Tecno

Banda sonora *Youngblood*

Buena y variada música la que integra la banda sonora de uno de los filmes más importantes para la gente joven de este año, con la presentación en España de Rob Lowe. Temas de Mr. Mister, Nick Gilder, Autograph, Starship, Diana Ross y las Supremes, Mickey Thomas, y casi todos con buena marcha y mucha potencia. Un gran éxito del cine.

LP y cassette: "Youngblood"
Estile: Disco-Rock

Competition

In the same issue of *Super Pop* you see a competition. Copy it out and fill it in.

Coloca por orden de preferencia el nombre de **TRES** personajes, nacionales o extranjeros, en los siguientes apartados:

Cantantes:
1 ....
2 ....
3 ....

Conjuntos:
1 ....
2 ....
3 ....

Personajes de Televisión:
1 ....
2 ....
3 ....

Programas de Televisión:
1 ....
2 ....
3 ....

Personajes más Guapos:
1 ....
2 ....
3 ....

Indica las 3 canciones que más te gusten de las últimas novedades discográficas, señalando su intérpete:
1 ....
2 ....
3 ....

What kind of music do you like

1 Almudena and Yoli are taking part in a survey of young people's tastes in music. Listen to the tape and answer true or false.
   a Almudena hates disco music.
   b her favourite singer is Phil Collins.
   c Yoli is 15 years old.
   d she enjoys 'heavy metal' music.

2 Now listen to the two interviews again and write down the five questions which make up the survey.

3 It's your turn now. Make your own survey sheet and interview two people in your class. Ask them all the questions and fill in their replies as they answer.

 4 Write a letter to your Spanish pen-friend talking about your own musical tastes. You can use the five questions in the survey as the basis, if you wish.

FLASH

Miguel Rios estará en Barcelona el próximo dia 15, presentando su nuevo espectáculo "Rock en el ruedo". La gira de Miguel, iniciada en Córdoba, finaliza en Barcelona por el momento, porque durante el mes de agosto vuelve al ruedo por diversas ciudades de nuestra geografía. Seguiremos informando.

El próximo día 20 de junio, el grupo **The Cure** actuará en Barcelona en el marco de la discoteca Studio 54. Al día siguiente, el 21, Madrid los recibirá también.

Los padres del heavy metal, **Deep Purple**, estarán también en Madrid, en el campo del Rayo Vallecano, el día 2 de julio; y el 3 en el campo del San Andrés, en Barcelona.

Los divertidos **Kid Creole And The Coconuts** se han montado una gira por nuestro país de ahí te espero. Apunta: el día 19, en Barcelona; el día 20, en Alicante; el día 21, en Marbella; el día 22, en Sevilla, y el 23, como broche, en Madrid. Os esperan.

Terminamos con las giras veraniegas con **Saxon:** el día 18 estarán en Badalona; el 20, en Madrid; el 21, en Zaragoza, y el 22, en San Sebastián. Claro, nos referimos a este mes de junio, por supuesto.

DISCOS

Sting, el cantante de Police, ha presentado su nuevo álbum en solitario, que lleva por título "The dream of the blue turtles" (El sueño de las tórtolas azules), durante un concierto en París, celebrado los pasados días 24, 25, 28, 29 y 31 de mayo.

el ruedo	ring
divertido	fun
la gira	tour
apunta	take note
veraniego	summer
en solitario	solo
celebrar	to be held

¡Flash!

Read the article above and then decide whether the following statements are true or false.

1 **Sting** acaba de sacar su nuevo albúm en solitario.
2 **Kid Creole and the Coconuts** estarán en Madrid el día 21.
3 **The Cure** va a actuar en la discoteca 54 de Madrid.
4 Córdoba fue la primera ciudad en presenciat el espectáculo **Rock en el ruedo** de **Miguel Ríos**.

Now read through the article again and find the answers to the following questions.

a At which Madrid football stadium will **Deep Purple** be appearing?
b Which Spanish rock star plans to end his present tour in Barcelona?
c Who launched his latest record at a series of Paris concerts in May?
d Who will be appearing in Zaragoza on 21st June?
e Only one pop group mentioned will be in concert in Marbella this summer. Which one?

12 Estar en forma

ELEGID UN DEPORTE Ya!

Ahora que se acerca el verano, no hay más excusas. Es el momento para empezar a ponernos «en forma». ¿Cómo? Por supuesto, eligiendo la manera que más nos guste, pero también teniendo en cuenta nuestras características físicas y personalidad.

Ha llegado la hora de traducir nuestros buenos propósitos, aletargados por el frío y disimulados por amplios chaquetones, en palpables realidades. Pero no lo hagáis a ciegas. No basta con enfundarse un chándal y patear la calle; ni siquiera con apuntarse sin más en el gimnasio de al lado de casa. Es importantísimo elegir bien cómo mantenerse en forma.

Lógicamente, lo primero que hay que buscar en la actividad que vayáis a desarrollar es que os guste, huyendo de las modas y los consejos de los amigos. Si no, la abandonariais a las primeras agujetas. Pero además de esto, tenéis que valorar que las actividades coincidan con vuestras características, tanto físicas como psíquicas. La potencia, la agresividad, requieren una determinada especialidad, así como si las metas son reducir peso, estar ágil o endurecer.

Con el cuadro que incluimos, podréis orientaros acerca de lo que os conviene según vuestras condiciones psíquicas; y en cuanto a las físicas os explicamos a continuación cada práctica para que podáis elegir mejor.

Cómo consultar el cuadro: cada deporte tiene una columna, en la que va coloreada la cualidad necesaria para practicarlo. Para saber cuál nos va mejor, hay que ir señalando con una cruz las casillas en color de nuestras características, debajo de cada columna. Por último, hay que sumar las cruces de cada deporte, y cuanto más se acerque al número total de cruces que puede conseguirse y que figura al final de cada columna, más serviremos para esa actividad física.

elegir to choose
el deporte sport
ya now
los buenos good
propósitos intentions
a ciegas blindly, without thinking
el chandal tracksuit
las agujetas stiffness
la meta goal
endurecer to toughen up

la casilla square
sumar to add up
la cruz cross
el baloncesto basketball
balón volea volleyball
el patinaje skating
la vela sailing

EL DEPORTE SEGUN TU PERSONALIDAD	JOGGING	SUB	WINDSURF	TREKKING	EQUITACION	TENIS	NATACION	ESQUI	GOLF	BICICLETA	GIMNASIA	FUTBOL	BALONCESTO	BALON-VOLEA	PATINAJE	VELA
Introversión																
Extroversión																
Tranquilidad																
Agresividad																
Concentración																
Distracción																
Algún kilo de más																
Seriedad																
Inquietud																
Resistencia																
Potencia																
Agilidad																
Piernas largas																
Piernas cortas																
Presión baja																
Estrés																
	9	7	8	7	7	7	9	8	8	8	8	7	7	7	7	8

Taking up a sport is the ideal way to keep fit. But how do you choose the right one for you? Read the article on p. 48. Then look at the four people described below and see if you can find the right sport for them using the chart.

1 *Alfredo:* an extrovert / restless and aggressive / good powers of concentration / dedicated / agile
2 *Puri:* an extrovert / relaxed / good powers of concentration / a little overweight / plenty of stamina / agile / copes well with stress / short legs
3 *Alberto:* enjoys team games / an extrovert / restless and aggressive / dedicated / agile / short legs
4 *Daniela:* shy introvert but aggressive / good powers of concentration / a little overweight / plenty of stamina / agile / prefers cold weather

Now look at the chart again and decide which sports *you'd* enjoy.

EL WINDSURF, AL ALCANCE DE CASI TODOS

El Windsurf es uno de los deportes más jóvenes y actualmente en boga si lo comparamos con otras formas de navegación. Siendo una práctica que rompe con los hasta ahora actuales sistemas de desplazamiento en el agua, es el más económico y sencillo. Sólo necesitamos de una tabla y un aparejo para practicarlo, y de una baca para transportarlo en el coche, e ir en busca de la playa o lago que nos sea más apropiado. También es idóneo para ir en grupo de amigos.

El Windsurf o Windsurfing nos exige, como todo, una buena práctica, sobre todo al principio, en el que están más que asegurados los chapuzones que con el tiempo iremos eliminando. Resulta ser un excelente ejercicio para todo el cuerpo, principal ente para piernas y brazos que son los que más trabajan.

Por ser una actividad en la que juegan un papel fundamental la sensibilidad y el sentido del equilibrio, resulta ser más que apropiada y apta para el sexo femenino y a través de la cual no sólo potenciaremos nuestras cualidades sino que desarrollaremos otras, entre las que se encuentran la auto suficiencia y la independencia.

Se hace casi imprescindible empezar su práctica en verano, ya que empezar en otra estación resulta demasiado dura, pues los continuos chapuzones que esta comporta no hacen aconsejable una temperatura ambiente fría. La mejor forma de empezar es a través de "cursillos de iniciación" impartidos en la mayoría de playas de nuestra costa por expertos y en los que, por un precio asequible de unas 6.000 ptas. en una semana y sin necesidad de comprar el material, podremos probarlo y aprender el A, B, C de la navegación en tabla.

Comprarse una tabla no supone un gran desembolso sobre todo si recurrimos al mercado de segunda mano.

Read the passage above, then answer these questions.

1 Why has windsurfing become such a popular water sport?
2 Windsurfing provides excellent exercise for which parts of the body?
3 What are the two main requirements for becoming a good windsurfer?
4 When is the best time of the year to take up this sport?
5 How long do beginners' courses usually last?
6 What is the approximate cost of such a course?
7 Are boards and equipment provided on these courses?
8 If you take up this sport seriously what will you need to buy for your car?

estar al alcance de   to be within one's reach
en boga   in vogue
sencillo   simple
la tabla   board
la baca   roof rack
idóneo   suitable
exigir   to require
el chapuzón   ducking
un papel   role
sensibilidad   good responses
potenciar   to develop
imprescindible   essential
aconsejable   advisable
impartir   to give
asequible   reasonable
el desembolso   outlay

⊙ Keeping fit – the fun way!!

Gim-Jazz is another popular way to keep fit. Deloris runs classes in a small town in southern Spain.

Look at the pictures and listen to the first part of the tape. Then match **two** of the illustrations with the exercises being performed.

The instructions for the remaining exercise are given below. Unfortunately, they have got muddled up. Write out the instructions in the correct order:

a Extienda la pierna izquierda hacia arriba.
b Repita el ejercicio 10 veces.
c Apoye la cabeza en la palma de la mano.
d Tumbada en el suelo, sobre el costado derecho, con las piernas extendidas.

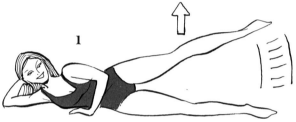

la cintura	waist
recto	straight
doblar	to bend
el talón	heel
el brazo	arm
estirar	to stretch

Gim-Jazz

Read the short article below, then briefly summarize the benefits of **Gim-Jazz** in English.

GIM-JAZZ

— EL gim-jazz o «gimnasia jazz» es muy parecido al aerobic, con la particularidad de que en vez de música disco se realiza con la de jazz. Los ejercicios que se realizan, preferentemente de centro, se hacen también en función de seguir un ritmo. Más que gimnasia es en realidad baile, pero acompañado de un programa físico que suele ser con el que se entrenan los propios bailarines que dan estas clases. Los ejercicios son casi exclusivamente lumbares y abdominales, y con ello se persigue conseguir una flexibilidad y movimiento, dejando a un lado la fuerza o la corrección.

— Está indicado sobre todo a los que buscan algo más que mantenerse en forma mediante una gimnasia, ya que lo que se consigue es movilidad y sentido del ritmo. No es sustitutivo de un buen entrenamiento, pero es excelente para conservar una buena forma física y saber moverse. Es preferible haber hecho antes algo de baile, porque hay que jugar mucho con la creatividad.

Pepi attends Deloris' class twice a week. Listen to the second part of the tape and choose the correct answer.

1 How long has Pepi been going to dance class?
2 On what days does she have a class?
3 Why can't she go more often?

el presupuesto budget
la coreografía choreography
precioso lovely

CUENTACALORIAS

¿Haces deporte? Pues si es así no dejes de conocer este maravilloso "confidente" que te dice cuántas calorías quemas según el deporte que practicas.

UN AMIGO SINCERO

Se trata de una pequeña computadora de bolsillo que te indica las calorías que quemas diariamente. Antes de su aparición ya era posible, consultando las tablas pertinentes, saber aproximadamente el consumo calórico de todas las actividades. Pero los datos de las tablas son porcentajes medios, referidos a personas con altura, peso y edad media. Sólo con el "Caltrac" es posible obtener los datos precisos relacionados con nuestros valores físicos. Además, el Caltrac nos muestra, si se lo pedimos, con el paso de los días, nuestro plus o déficits de la balanza calórica, constituyendo una válida ayuda durante las dietas, y basta dictar a la memoria, en calorías, todo lo que comemos y bebemos.
El Caltrac funciona con batería y cuesta (en Estados Unidos) 81,95 dólares, unas 15-17 mil pesetas en España, pero de momento todavía no ha llegado a nuestro país y si alguien quiere conseguirlo puede hacerlo a la firma productora directamente, que indicamos en la página 60 de ésta revista.

CON EL JOGGING SE CONSUME MAS

¿Cuánto se consume jugando al tenis? Aquí tenemos la respuesta del Caltrac, valorada en una chica deportista de 28 años, que mide 1,80 y pesa 70 kilos sobre una base horaria.

Tenis	380 calorías
Jogging	750 calorías
Paseo	240 calorías
Trabajo oficina	110 calorías
Durmiendo	85 calorías
Faenas de casa	240 calorías

LICENCIA DE EXCESO

Al conocer exactamente la cantidad de calorías que se queman, el Caltrac nos permite la posibilidad de concedernos algún exceso, sabiendo a ciencia cierta cuando podemos comernos algún capricho de más y cuando no.
El Caltrac es plano, de dimensiones reducidas ya que podemos llevarlo en un bolsillo de la camisa. Es una computadora personal que se tiene que colocar sobre el pecho (bolsillo de la camisa o vestido). Se le insiere en la memoria los propios datos de la persona, como altura, peso, sexo, edad... y después él mismo lo hace todo: minuto a minuto registra las calorías que desperdiciamos durante el día. Y

Which sports burn up the most calories? Read this article and then decide whether the statements below are true or false.

1 **Caltrac** es una computadora personal.
2 Funciona con pilas.
3 No funciona mientras dormimos.
4 Debe ir colocado sobre el pecho.
5 Está a la venta en toda España.
6 Se puede programar con nuestros propios datos.
7 Una chica de 28 años que mide 1,80 y pesa 70 kilos quema unas 240 calorías si pasea durante media hora.
8 Es más preciso que las viejas tablas que sólo proporcionan porcentajes medios.

quemar to burn up
la tabla table
la altura height
el peso weight
funcionar to work
conseguir to obtain

You decide to enter a competition in a Spanish magazine. All you have to do is write (in not less than 50 words) why you would like to own a **Caltrac**.

13 Si ...

Quiz

Would you like to be as famous as the Princess of Wales? How do you think you would cope? Do the quiz below and then check the results, using the chart on p. 53.

SI TU FUERAS LADY DI...

...Podrías ser la persona más feliz del mundo o, quizá, la más desgraciada. El tipo de «trabajo» de la mujer del príncipe Carlos necesita un carácter muy fuerte, muy sociable, muy responsable. ¿Qué tal lo harías tú si te encontraras en su situación?

1. *¿Cómo te encuentras más a gusto?*
a) Cuando vas vestida de noche.
b) Con un traje clásico, de chaqueta.
c) Con ropa cómoda de *sport*.
d) Con ropa vieja «de andar por casa».
e) Vestida adecuadamente para donde estás.

2. *Cuando te encuentras deprimida...*
a) Te gusta rodearte de gente.
b) No te importa que haya gente, siempre que no te exijan demasiados esfuerzos.
c) Prefieres rodearte sólo de los más íntimos.
d) Te gusta estar sola.
e) Te encierras en un rincón.

3. *Para ti, conocer gente nueva es...*
a) Fascinante.
b) Interesante.
c) A veces, bastante interesante.
d) Aburrido.
e) Algo que te da terror.

4. *¿Te gusta ir de tiendas?*
a) Sí, siempre.
b) Algunas veces, tienes que estar de humor.
c) Sólo si no tienes problemas de dinero.
d) Hombre, si realmente lo necesitas...
e) Casi nunca (o nunca).

5. *Tener una casa en la ciudad y otra en el campo para los fines de semana sería...*
a) Genial.
b) Un cambio agradable durante algún tiempo.
c) Bien, pero puedes vivir sin eso.
d) Demasiado trabajo.
e) Espantoso. Nunca sabrías dónde estabas cuando te despertaras por la mañana.

6. *Cuando conoces gente nueva, ¿te formas al instante una opinión poco favorable?*
a) Nunca.
b) Raramente.
c) Algunas veces.
d) A menudo.
e) Casi siempre.

7. *Si tuvieras que escribir de memoria dos folios con nombres de gente, con su biografía y su actividad, ¿cuánto tiempo crees que tardarías?*
a) Media hora.
b) Una hora.
c) Varias horas.
d) Un día entero.
e) Más de un día.

8. *Cuando estás viviendo en un hotel...*
a) Llamas al servicio de habitación con la menor excusa.
b) Llamas sólo cuando lo necesitas.
c) Procuras evitarlo para no recargar la cuenta.
d) Procuras evitarlo: no quieres que te molesten.
e) Procuras evitarlo: no quieres molestar.

9. *Has quedado en ir a cenar mano a mano con una amiga, en su casa, y cuando llegas descubres que ha invitado a veinte personas más... ¿Cómo te sientes?*
a) ¡Encantada!
b) Al principio un poco desconcertada, pero luego contenta de conocer gente nueva.
c) Bien..., pero te hubiera gustado que te avisara.
d) No muy a gusto.
e) Furiosa.

10. *Las fotos que te hacen te parecen:*
a) Siempre buenas.
b) Normalmente, buenas.
c) Según, depende de cómo te cojan.
d) Normalmente, no muy buenas.
e) Casi todas, horrorosas.

11. *Empiezas a hacer régimen cuando...*
a) Pasas de 2 kilos de tu peso habitual.
b) Pesas más de 4 kilos de tu peso.
c) La ropa empieza a parecer menos amplia.
d) La ropa ya no te abrocha.
e) Nunca.

12. *Si alguien dice algo con lo que estás absolutamente en desacuerdo, ¿qué haces?*
a) Se lo dices sin rodeos.
b) Expones tranquilamente tu punto de vista.
c) Dices que no todo el mundo estaría de acuerdo con eso.
d) Te quedas callada.
e) Haces como si estuvieras de acuerdo.

13. *¿Lloras en público?*
a) Con muchísima frecuencia.
b) A menudo.
c) Algunas veces.
d) Raramente.
e) Nunca.

14. *Cuando tienes un problema serio necesitas contárselo a...*
a) Tu familia y a media docena de amigos.
b) Tu familia y una amiga o amigo íntimo.
c) Sólo a tu familia más íntima.
d) Sólo una persona.
e) Nadie.

15. *Si un maître en un buen restaurante te saludara por tu nombre...*
a) Te sentirías halagada.
b) Te sentirías sorprendida.
c) Jurarías no volver.
d) Huirías.
e) No sentirías nada, es lo normal.

desgraciado unhappy
encontrarse a gusto to feel at ease, to find oneself
deprimido depressed
exigir to demand
encerrarse to shut oneself up
genial marvellous
espantoso horrifying
el folio foolscap
tardar to take (time)
recargar la cuenta to add to the bill
mano a mano tête-à-tête
avisar to warn
hacer regimen to diet
amplio loose-fitting
abrochar to fasten
hacer como to pretend
sentirse to feel
halagado flattered

enamorarse de
  to fall in love with
envidiar to envy
los criados servants
el poder power
aferrarse to stick to
la corona crown

In pairs

Imagine you are the Prince or Princess of Wales. Your partner should interview you on the advantages and disadvantages of being 'royal'. Remember to swap roles.

Si me toca la lotería

Like many Spaniards, Antonio dreams of winning '**el gordo**' (first prize) in the lottery. Listen to the tape and answer the questions below in Spanish.

1 ¿Cuánto cuesta cada décimo?
2 ¿Cuántos décimos lleva Antonio?
3 ¿Cuánto podría ganar si le tocara el primer premio?

el décimo tenth of a ticket
el premio prize
tocar to win
salir agraciado to be lucky

 Write down, in Spanish, three things you'd do if you won first prize in the lottery.

Slow down!

Here is part of an article on the stresses of modern life taken from the magazine *Telva*. Read it through, then match the numbered blanks with the words in the list below.

dar   paciencia   sé   tarde   disfrutar   número
muchísima   barrera   buen   poco   tiempo   única   de
escribió   prisa   habitable   calma   diecisiete

¿Y SI TUVIERAMOS MENOS PRISA?

Ocurrió —dicen— que un __1__ día un caballero salió a __2__ un paseo tranquilo por la calle, __3__ pronto se le cruzó un chaval, como de __4__ años, que arremetió contra él como si tratara de atravesar la __5__ del sonido.

«Pero, hombre: ¿dónde vas a esa velocidad?», le preguntó el «atropellado» en tono conciliador, una vez repuesto del susto. «No lo __6__ muy bien —contestó el chico, medio atontado— pero tengo muchísima __7__.» La historia me pareció la mejor caricatura de cierta psicosis colectiva que nos recome a todos.

Que se lo pregunten a peluqueros y peluqueras, a taxistas, a secretarias, a cajeros de banco, a dependientes... A ese __8__ inmenso de gentes estupendas que, con su trabajo, se dedican a facilitar la vida a los demás, y que aguantan con una __9__ que envidiaría el propio Job, la eterna canción que utilizamos tantas veces a modo de saludo: «Oiga: tengo __10__ prisa».

El mundo o, por lo menos «nuestro pequeño gran mundo» sería mucho más __11__ si nos decidiésemos a reducir un __12__ la marcha; y pienso que el paréntesis de las vacaciones nos pone en bandeja a todos los que queramos __13__ en serio de uno de los máximos lujos para la vida actual: el de tomarnos las cosas con una cierta __14__. Un lujo baratísimo, al alcance de todas las fortunas, y del que tenemos una verdadera necesidad: disfrutar del __15__, gastarlo con mimo, con cariño.

Que nadie caiga en la cuenta, cuando sea __16__, de lo que __17__ Stevenson: «Tenemos tanta prisa de hacer, de escribir, de acumular negocios, de hacer sentir nuestra voz por un instante en el burlón silencio de la eternidad, que olvidamos la __18__ cosa de la cual las demás no son sino partes, es decir: vivir.» Y convivir, me gusta añadir.

un chaval youth
arremeter contra to rush at
atravesar to cross
repuesto recovered
facilitar to ease
aguantar to endure
la marcha gear
poner en bandeja to hand on a plate
disfrutar to enjoy
caer en la cuenta to catch on
burlón mocking
convivir to live in harmony

Look at the pictures below and complete the sentences.

a Si como mucho pastel . . .

b Si estudiara más . . .

c Si me tocara la lotería . . .

d Si tengo tiempo . . .

En una isla desierta

How would you cope on a desert island?

1 Carmen is asking her classmates for their views.
Copy out the questionnaire below.

	entusiasmar to love, to be wild about
	la naturaleza nature

entusiasmar   to love, to
  be wild about
la naturaleza   nature
salir adelante   to get on
procurar   to try
pescar   to go fishing
probar suerte   to try one's
  luck
el coco   coconut
la caza   hunting
sobrevivir   to survive
escoger   to choose
el artículo de lujo   luxury
  item
endulzar   to sweeten
un bote   jar
la trufa   truffle
rescatar   to rescue
la guitarra   guitar

	Fernando		
¿comer?			
¿disco?			
¿libro?			
¿lujo?			

2 Now listen to the passage in which Carmen asks Fernando
the questions. Fill in the answers to the questions on your
sheet in the column marked Fernando.

3 It's your turn to ask the questions now. Fill in the names of
two or three people in the class at the top of the remaining
columns on your questionnaire. Ask them all the questions
and fill in their replies, as they answer.

4 Write a short essay – maximum 120 words – in which you
talk about life on a desert island. You can use your answers to
the five questions above as the basis for your essay.

14 ¡Buen provecho!

Gazpacho

Gazpacho – iced soup – is popular throughout Spain during the hot summer months. It is traditionally served accompanied by small bowls of chopped raw vegetables and croûtons. You sprinkle your choice onto the soup.

This recipe for **gazpacho** comes from a simple Spanish cookbook. Read it through, then match the blanks with verbs taken from the list below.

servir lavar calentar colocar quitar pelar freír secar
detener apartar

el trozo	piece
la batidora eléctrica	
	blender
el ajo	garlic
la cebolla	onion
el pepino	cucumber
el pimiento	pepper
maduro	ripe
la cucharada de postre	
	dessertspoon
la rebanada	slice
las semillas	seeds
picar	to chop
colar	to strain
calentar	to heat up
quitar	to remove
secar	to dry
apartar	to put aside
colocar	to place

☗ *Receta económica*

GAZPACHO

Utensilios: Un batidor eléctrico.

Ingredientes para medio litro:
Ajo: 1 diente pequeño. **Cebolla:** 1 pequeña. **Pepino pequeño:** medio. **Pimiento rojo:** medio, o 1 pequeño. **Pimiento verde:** medio, o 1 pequeño. **Tomates muy maduros:** 500 g. **Pan:** 1 rebanada. **Aceite:** 1 cucharada de postre. **Vinagre:** 1 cucharada de postre. **Sal.**

__1__ y __2__ los tomates y los pimientos. __3__ las semillas a éstos últimos. __4__ y picar la cebolla y el ajo. Cortar los tomates en trozos. Apartar 1 cucharada de éstos y otra de cebolla picada.

__ Cortar los pimientos, el pepino y el pan en pequeños dados. __5__ 1 cucharada de cada uno.

__6__ en el vaso del batidor la cebolla, el ajo, los pimientos, el pepino, los tomates, el vinagre y el aceite. Salar. No __7__ el aparato hasta que se hayan licuado todos los ingredientes. Colar y reservar en la nevera durante 1 hora como mínimo.

__8__ aceite en una sartén y __9__ los dados de pan.

__10__ el gazpacho con los trozos de pimiento, pepino, tomate y cebolla, que se reservaran al principio, y acompañar con el pan frito.

☖ Puede guardarse en la nevera de un día para el otro y, por consiguiente, consumirse en dos comidas sucesivas.

Tapas

These are tasty little snacks served in bars.
First look at the photo on the right.
The prices shown are for **raciones** or large portions.

How would you ask for the following?

a mushrooms.
b quail eggs.
c octopus salad.

> **el bacalao**   cod
> **el pulpo**   octopus
> **la ensaladilla**   salad
> **las gambas**   prawns
> **el atún**   tuna
> **la morcilla**   black pudding
> **el salchichón**   salami-type sausage
> **el jamón**   ham
> **las albóndigas**   meatballs

Antonio

Antonio owns a small bar which boasts a variety of delicious tapas. Listen to the tape and then choose the correct answers.

1 Which two are served with potatoes?
   a prawns.
   b tuna.
   c cod.

2 Mojama is
   a salted cod.
   b salted tuna.
   c sausage.

3 Does Antonio serve meat in tomato sauce?

Isabel

Isabel makes the tapas for a small bar. Here she tells us how to make two popular dishes – **carne con tomate** and **ensaladilla**.

Listen to the tape and answer the questions below in Spanish.

1 ¿Qué le añade Isabel a la carne con tomate?
2 ¿Cuáles son los ingredientes de esta ensaladilla?

Spanish omelette is delicious served hot or cold, and is a popular **tapa**.

See if you can find the missing words. They're hidden in the soup!

1 Pele las dos . . . cortándolas en pequeños . . .
2 Se echa . . .
3 Fríalas en una . . . con mucho . . .
4 Eche los dos . . . batidos sobre las patatas.
5 A la . . . se la da la vuelta con un . . .
6 Dore la tortilla por el otro lado.

Culinaria   tortilla de patata

```
        S P E T J
      X A P W J M L
    Q T O A C U B O S
  F J O Z T Y N B S A K
  J N R S A L I W A H U
  R F T M T Q J N R U D
  W Z I F A C E I T E O
  B M L Y S R O H E V K
      P L A T O S X N
      W A Y B J G H F
          C I R Z P
```

pelar to peel	
cortar to cut	
freír to fry	
echar to add	
batido beaten	
dar la vuelta a to turn over	
la tortilla omelette	

Culinary crossword

Using the clues below, copy and complete the crossword.

Horizontales

1 Arroz valenciano convertido en plato nacional.
3 Más grande que una tapa.
4 Sopa andaluza de verano. Se toma muy fría.
5 _____ con tomate.

Verticales

2 Lechuga, tomate y cebolla. Todo con un buen aliño.
6 El 'sandwich' español.

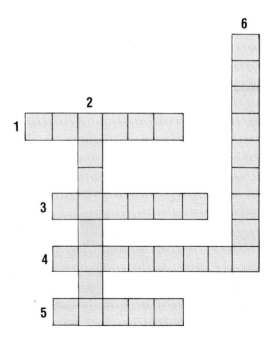

You've just come back from a holiday in Spain.

Write a short article in Spanish (75–100 words) on **tapas** – bar snacks.

How many can you name? You can look over the previous pages for ideas of what to include.

En la heladería

It's a hot summer's day and you decide to sit down and have an ice-cream.

As you can see, there's plenty to choose from!

How would you ask for

a a vanilla ice-cream.
b a strawberry ice-cream.
c a coffee ice-cream.
d a chocolate milk shake.

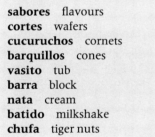

sabores	flavours
cortes	wafers
cucuruchos	cornets
barquillos	cones
vasito	tub
barra	block
nata	cream
batido	milkshake
chufa	tiger nuts

Your friend wants a cold drink. Listen to the tape and then answer the questions.

1 Limón granizado contains
   a crushed ice.
   b cream.
   c ground almonds.

2 Which drink has ice-cream?
   a la horchata.
   b el limón granizado.
   c el blanco y negro.

3 Which drink is made from **Chufa**?
   a la horchata.
   b el limón granizado.
   c el blanco y negro.

15 ¡Salud!

At the chemist's

Listen to the tape and choose the correct answer.

1 Why does Mari go to the chemist's?

2 First, the chemist asks Mari
  a whether she has a temperature.
  b to show her the extent of the sunburn.
  c whether she has been to a doctor.

3 As Mari is very sore the chemist advises her to use
  a a cream.
  b a lotion.
  c a spray.

4 How many tablets should she take
  a 3 tablets per day.
  b 2 tablets at mealtimes.
  c 1 tablet every 6 hours.

5 Lastly the chemist advises her
  a to sunbathe in moderation.
  b not to sunbathe the next day.
  c if no better to see the doctor the next day.

6 How much does it come to?
  a 340 ptas.
  b 510 ptas.
  c 450 ptas.

tener molestias to be bothered by
los hombros shoulders
enseñar to show
la espalda back
la insolación sunstroke
rozar to rub
la frente forehead
la pastilla tablet

The duty chemist

The **farmacia** is closed but you see this notice in the window.

FARMACIA DE GUARDIA

Hoy Sábado

LICENCIADO
D. José Quintana Tortosa
Prolongación Avenida San Lorenzo
(FRENTE AL CAMPO DE FUTBOL)

SERVICIO FARMACEUTICO DE URGENCIA

(INDISPENSABLE RECETA MEDICA)

---

1 Where is the duty chemist's?
2 What do you need to have?

While at the chemist's you pick up a leaflet (below) on multi-vitamin pills. Read it carefully, then answer the questions in Spanish.

1 ¿Cuántas grageas debe uno tomar cada día?
2 ¿Cuántas grageas vienen en el envase?
3 ¿Cuándo se aconseja tomar un suplemento de este tipo?
4 ¿Tiene alguna contraindicación?

el desgaste	wear and tear
determinado	certain
regimen	diet
aumentar	to increase
el decaimiento	feeling run-down
la carencia	lack
evitar	to avoid
la gragea	pill
la contraindicación	side-effects

Complejo de Vitaminas y Minerales. Energético.

MICEBRINA

¿QUE ES MICEBRINA?

Micebrina está compuesta por las vitaminas y minerales más importantes que para el organismo produce la naturaleza, (11 vitaminas y 8 minerales), compensando el desgaste que de éstos elementos se produce en la vida diaria normal y muy especialmente en situaciones de desgaste extraordinario.

UNA VEZ AL DIA. ¿EN QUE CASOS?

La vida diaria nos lleva a situaciones en las que se produce un desgaste de vitaminas y minerales, o en las que estos elementos son necesarios en mayor proporción. Así, el exceso de trabajo o comer fuera de casa, junto a determinados hábitos como el consumo de alcohol, tabaco, o regímenes dietéticos, aumentan las necesidades vitamínicas.

En estos casos, así como ante síntomas de cansancio, astenia primaveral, decaimiento y debilidad, es necesario reponer la carencia de vitaminas y minerales con un complejo como Micebrina.

ELABORACION

MICEBRINA se elabora por capas para separar sus distintos componentes, evitando que se deterioren y favoreciendo su conservación y su eficacia. Cada gragea, además, está recubierta de una capa selladora externa que protege a sus principios activos de la luz y de la humedad, además de facilitar su ingestión. Este proceso de elaboración por capas consigue que cada gragea se disgregue en el intestino evitando malos sabores durante su asimilación.

DOSIFICACION

La dosis normal varía de una a dos grageas al día en adultos.

CONTRAINDICACIONES, INCOMPATIBILIDADES Y EFECTOS SECUNDARIOS

A las dosis indicadas MICEBRINA no presenta ninguna contraindicación, incompatibilidad, ni riesgo por efectos secundarios.

PRESENTACION

Envase conteniendo 30 grageas.
Manténgase fuera del alcance de los niños.

It hurts!

What would you say to the chemist in each of the following situations?

It's your turn now. Write down your part in the conversation, then act it out in pairs.

Vd: (Explain that you went out for a meal last night and now have a dreadful stomach ache.

Farmacéutico: ¿Sólo trastornos de estómago o ha vomitado?

Vd: (No. You weren't sick, but you feel awful.)

Farmacéutico: Bueno, le voy a dar este medicamento. Cuando abra el frasco, añada los polvos al líquido y agite bien antes de tomarlo.

Vd: (How much should you take?)

Farmacéutico: Una o dos cucharas soperas después de cada comida. Notará una mejoría dentro de unas horas, pero continúe tomándolo durante tres días.

Vd: (Thank you. How much is that?)

Farmacéutico: 427 ptas.

Vd: (Here you are. Thank you.)

Farmacéutico: A Vd. ¡Que se mejore!

Hace calor

Too much sun can ruin your holiday.
Read through the advice offered below. Are these statements true or false?

1 Wait for at least *one* hour after a meal before going for a swim.
2 Don't sunbathe for more than 15–30 minutes at the start of your holiday.
3 Calamine lotion soothes sunburned skin.
4 Babies should not be left out in the sun for longer than half an hour at a time.
5 Never wear glasses when sunbathing.
6 An icy drink is the best way to quench a thirst when you're hot.
7 Avoid sunbathing between 1 and 3 in the afternoon.
8 Drink lots of liquids and take more salt.
9 Always re-apply your suntan lotion after a swim or every half hour.
10 Don't jog when it's hot.

Now read through the excerpts again. Then write a short article in Spanish (approx. 150 words) on how best to cope in hot weather.

Glossary	
el trastorno	upset
evitar	to avoid
holgado	loose-fitting
averiguar	to find out
mojarse	to get wet
envejecedor	ageing
fuerte	heavy
sudar	to perspire
la montura	frame
lesionar	to damage

TRASTORNOS DEBIDOS AL CALOR Para evitarlos: lleve ropas ligeras y holgadas. Protéjase la cabeza y la nuca de los rayos directos del sol. Evite los ejercicios violentos. Tome abundantes bebidas frescas. Tome más sal.

Use prendas protectoras

Evite los ejercicios violentos

Beba líquidos frescos en abundancia y tome un suplemento de sal.

LO QUE NO DEBE HACER

No bañarse mientras se hace la digestión. La impresión que sufre el cuerpo con la diferencia de temperatura puede llevarle a un corte del proceso digestivo. Espere al menos dos horas después de comer sobre todo si el almuerzo ha sido fuerte.

No se puede dejar a un bebé expuesto a los rayos del sol veraniego más de quince minutos. Aunque tenga protección solar específica, es mejor espaciarle las tomas de sol, y que nunca sean entre las 13 y las 16 horas.

No tomar bebidas heladas cuando se suda: el organismo está alterado por la temperatura exterior e interior, y el choque que le produce una bebida muy fría trae consecuencias tan graves como corte de digestión, anginas y hasta diarreas.

Tratamiento de las quemaduras solares Permanecer en la sombra y en sitio fresco. La crema de calamina calma la piel enrojecida. Las lesiones más graves se tratan como quemaduras

Te informarás bien, leerás el prospecto de los productos solares, averiguarás el tiempo que dura la protección (generalmente nunca más de 2 ó 3 horas, siempre sin mojarte. Después de cada chapuzón DEBERAS aplicarte de nuevo la crema protectora solar.

1.º Amarás al sol y le darás las gracias por salir cada día ¡él es fuente de vida y salud!, siempre que lo respetes y te relaciones con él a horas prudentes. Horas peligrosas, envejecedoras y a veces cancerígenas: de 1 a 3 (horario veraniego). Por lo tanto empezarás a tomarlo despacio, no pezarás a tomarlo despacio, no más de 15-30 minutos y entre las 10 y 11 de la mañana en los primeros días.

Tomar el sol con gafas graduadas puestas es una auténtica barbaridad, además de poder dejar marca la montura sobre la piel, la concentración de rayos solares a través del cristal puede lesionar seriamente la retina.

Cómo evitar los trastornos debidos al calor Hay que acostumbrarse gradualmente al calor antes de hacer grandes esfuerzos y llevar ropas ligeras y holgadas. Hay que protegerse la cabeza del sol, beber líquidos frescos en abundancia y tomar más sal en las comidas.

16 Fin de semana fuera

🎧 Booking a room

You're up in the mountains just north of Madrid. Listen to the conversation with the woman behind the desk in the Pasadoiro Hotel, then choose the correct answer **a**, **b**, or **c**.

1 Quiero reservar una habitación para
  a una persona.
  b dos personas.
  c tres personas.

2 La necesito
  a esta noche.
  b mañana por la noche.
  c para tres noches.

3 Me gustaría tener
  a dos habitaciones.
  b una habitación de dos camas.
  c una habitación de matrimonio.

4 La habitación tiene
  a sólo lavabo.
  b lavabo y ducha.
  c cuarto de baño completo.

5 La habitación cuesta
  a 2.915 ptas.
  b 2.950 ptas.
  c 2.960 ptas.

6 El precio incluye
  a sólo la habitación.
  b el desayuno.
  c media pensión.

7 Sirven la cena
  a sólo a partir de las 8.
  b sólo en temporada alta.
  c a cualquier hora.

8 El desayuno para 2 personas vale
  a 200 ptas.
  b 300 ptas.
  c 400 ptas.

A postal reservation

1 You plan to spend a week skiing at Puerto de Navacerrada.
You write to the hotel and ask for a double room with bath or, at least, a shower.
Ask what price it is including breakfast.
You would be grateful if he could reply to your letter fairly quickly so that you can make other plans if necessary.

We have helped you out by giving you the frame of the letter below. Write it out filling in the blanks with words taken from the list.

doble baño cuanto antes semana desde
desayuno quisiera hasta ducha confirmar

Hotel Pasadoiro
Puerto de Navacerrada

Muy Sr.mío:

Tengo la intención de pasar una ___1___ esquiando en Navacerrada
con una amiga y ___2___ reservar una habitación ___3___.
Estaremos allí ___4___ el 15 ___5___ el 21 de marzo.

¿Nos podría reservar una habitación con ___6___ o, por los menos,
con ___7___ ? ¿Cuál sería el precio de la habitación con el
___8___ incluído?

Le ruego tenga la bondad de ___9___ la reserva ___10___ por si
tuviéramos que buscar otro hotel.

Le saluda atentamente,

Jamie Smith

2 Now write your own letter to the manager of Hotel La Gaviota in Fuengirola on the Costa del Sol. Remember to mention the following points:

a the dates and length of your stay.
b four of you are going on holiday together, so you'll need two double rooms with bath.
c if possible you'd like a balcony with a view of the sea.
d what would the price be including breakfast?
e you would appreciate a prompt reply; is a deposit required?

HOTEL Pasadoiro
Puerto de Navacerrada
Alta Montaña
Deportes de invierno

CERCEDILLA
(Madrid)

Teléf. 852 14 27

⊙ Navacerrada

Listen to the tape and then choose the correct answer.

1 Why have fewer people been coming in recent years?

2 When does the ski season begin?

3 When does the skiing season end?
  a mid-March.
  b Easter.
  c mid-May.

4 Many foreigners stay there in order
  a to go hiking.
  b to visit Madrid.
  c to visit nearby towns and villages.

5 Why do they prefer to stay there in summer?

> **la estación de esquí** ski resort
> **los veraneantes** holidaymakers
> **la temporada** season
> **flojo** slack

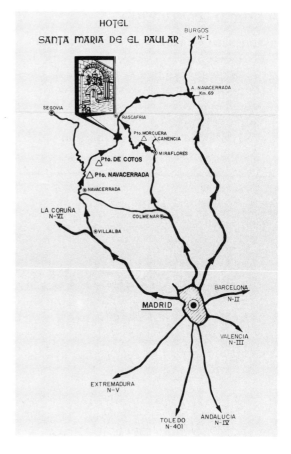

⊙ Skiing

Now listen to doña Ana talking about the ski-runs, then decide whether the statements below are true or false.

1 Hay unas 6 pistas de esquí.
2 Val Cotos está a 15 kilómetros.
3 Hay dos hoteles en Val Cotos.
4 La gente que viene a esquiar con niños se queda hasta el 6 de enero.

> **la pista de esquí** ski run
> **hacer estancia** to stay

El Escorial

Tourists staying at Navacerrada often make time for a trip to El Escorial, as mentioned on the tape.

Read the magazine article below and then find the answers to these questions.

1 Where is San Lorenzo de El Escorial?
2 What takes place on August 10th?
3 What cakes would you buy in El Escorial?
4 What is the connection with Philip II?
5 When did this area become popular as a summer retreat for the Madrid middle class?

6 Where can you see paintings by El Greco and Velázquez?
7 What would you do at La Cage?
8 Where can you buy hand-beaten copper?

elegir   to choose
el lugar de veraneo   summer resort
estival   summer
resaltar   to stand out
la pinacoteca   art gallery
adquirirse   to purchase
cobre batido a mano   hand-beaten copper

Ficha del Lugar

Localización geográfica
San Lorenzo de El Escorial es un pueblo situado al NO de la provincia de Madrid, en la vertiente SE de la Sierra del Guadarrama. Tiene 56'55 km.^{2} y 9.518 habitantes. Está a 1.032 metros de altitud. La eligió como lugar de veraneo Felipe II, y a principios de siglo empezó a consolidarse como residencia estival de la burguesía madrileña.

Sitios bonitos de alrededor
Los pueblos cercanos, como Valdemorillo, las Navas del Marqués o Navalagamella. *«En general —explica Jorge—, todos los que van hacia el norte, a Gredos, son preciosos.»*

Rutas culturales
—Por supuesto El Escorial y después la ruta de los castillos e iglesias de los pueblos de Segovia, Ávila o Burgos. Como ejemplo de ruta de castillos, podríamos citar una por Segovia, pasando Santa María la Real de Nieva, Coca, Cuéllar y Carbonero. O por

Aguilafuente, Fuentidueña y Pedraza. Además de un recorrido de los sitios reales, visitando San Lorenzo, La Granja y Riofrío. En El Escorial y dentro del Monasterio, cabe resaltar su pinacoteca, con obras de El Greco, Durero, El Bosco y Velázquez, y su biblioteca.

Lugares para divertirse
Casablanca, Yorkes y *El Patio* en Torrelodones; *La Bodega* y *Espejos* en Galapagar; *Solo Bus* y *Nivel* en Villalba; *Project La Paloma* en Alpedrete; *Kayak* y *El Duende* en Guadarrama; *Don Marcos, Therpsicore* y *La Chistera* en El Escorial; y *Chile* y *Snnopy* en Cercedilla. Y para mover el esqueleto, *La Cage*, la discoteca del Casino e *Intermezzo* (Torrelodones); *Premier, Volumen, Botticelli,* 5.º *Infierno* y *Crack* (Villalba); *Estudio 80* (Alpedrete); *La ragazza* (Guadarrama); *Keeper, Yoko* y *La Boite* (El Escorial).

Restaurantes
El preferido de los Verstrynge es *«La Gamella»* en Navalagamella, un restaurante de carta reducida y exquisita. En El Escorial, además están *Fonda Genara* (Pza. de San Lorenzo 2), *Charoles* (Floridablanca 24), y *Mesón La Cueva* (San Antón 4). En Navacerrada, *Fonda Real* (km. 52,5 de la Cra. N-601) y *Felipe* (Avda. de Madrid). En Manzanares el Real, *La Parra* (Panaderos 15) y *Taurina* (Generalísimo 8). En Navarredonda, el *Parador*

Nacional de Gredos (a 2,5 km. del pueblo). En Valdemorillo, *El Pajar* (Tejedores s/n). En Villalba, *Monte Cervino* (Ctra. La Coruña, km. 38). En Miraflores, *Mesón Maito* Calvo Sotelo 5). En Galapagar, *Trinidad* (Ctra. El Escorial km. 1,32).

Compras
En El Escorial, puede adquirirse almendrados en Pastelería Francisco Pagán y azulejos y cerámica en Valdemorillos, en Salvador Orodea. Además tiene cobre batido a mano en Navafría. Y en plan centro comercial, el Zoco de Villalba.

Fiestas populares
El Escorial celebra sus fiestas el 10 de agosto y la romería de la Virgen de Gracia el 14 de septiembre; Aguilafuente, el 15 de agosto; El Espinar el 15 de agosto; Pedraza el 8 de septiembre.

El descubrimiento personal
«Mi mejor descubrimiento —nos dice Jorge— es el valor del tiempo que pasas en la inactividad. Para María: *«Esos caminos recónditos del pie de la sierra de Abantos, por los que paseamos solos».*

Una anécdota
La anécdota de María es la astucia de los periodistas que la encontraron cuando fue nombrada *Lady España*. *«Prácticamente estábamos perdidos en un monte, y ellos, de manera increíble, me localizaron enseguida».* Jorge hace excavaciones en algunos pueblos de Segovia, cerca de Riaza, y ha encontrado *«bastante cerámica ibérica de más de dos mil años y hasta fósiles marinos».* ♥

17 Tú ¿cómo eres?

La foto

Look at the photo as you listen to the tape. Try to identify the different people as they are mentioned. First, find Antonio.

Now listen to the tape again and match up the people with the phrases used to describe them.

1	Antonio	serio, no muy risueño
2	Pepi	muy simpático, un gran amigo
3	Juan Miguel	gafas oscuras, un poco grueso
4	Manuel	está fumando
5	Juan	un tío estupendo, un poco bromista

grueso fat, stout
las gafas oscuras dark glasses
el champán champagne
sonriente smiling
risueño smiling
divertirse to enjoy oneself
la novia girlfriend
floreado flowery
el gorro hat
bromista fond of joking
casado married
un tío estupendo a splendid chap

Quiz

Are you assertive? Do you stick up for your rights?
This quiz, taken from *Dunia* magazine, will help you to find out.
Write down your answers for sections a and b, then check your results.

imponerse	to be assertive
a menudo	often
el ajedrez	chess
soportar	to withstand
la soledad	solitude
afirmar	to state
rechazar	to reject
la raza	race
invertir	to spend
la meta	goal
conseguir	to obtain
el poder	power
solucionar	to solve
evitar	to avoid

A

¿Andas siempre con prisas, aunque en realidad tengas tiempo?
a) Sí .... 0 ☐   **b)** No .... 1 ☐

¿Te interesan las discusiones sobre el futuro del mundo?
a) Sí .... 0 ☐   **b)** No .... 1 ☐

¿Usas durante mucho tiempo el mismo perfume o los mismos artículos de cosmética?
a) Sí .... 0 ☐   **b)** No .... 1 ☐

¿Un amigo tuyo dice que conoce a alguien que estuvo el verano pasado en el sitio al que tú vas este año y del que quieres tener información:
a) Le pides su número de teléfono 2 ☐
b) Le pides que le llame él .... 0 ☐

¿Dices a tus amigos lo que realmente piensas de ellos?
a) Sí .... 1 ☐   **b)** No .... 0 ☐

B

¿Vas a menudo con tus amigos a ver películas que en realidad no te interesan demasiado?
a) Sí .... 1 ☐   **b)** No .... 0 ☐

¿Te gustan los deportes como el tenis, el *squash* o el ajedrez?
a) Sí .... 0 ☐   **b)** No .... 1 ☐

¿En tu vida, ¿soportas bien la soledad?
a) Sí .... 0 ☐   **b)** No .... 1 ☐

¿Has pensado alguna vez seriamente en cambiar tu vida de forma radical?
a) Sí .... 1 ☐   **b)** No .... 0 ☐

¿Puedes afirmar con total honestidad que no rechazas a nadie por su raza, ideología o *status* social?
a) Sí .... 1 ☐   **b)** No .... 0 ☐

¿Después de una cena o fiesta a la que te han invitado, ¿das las gracias por carta o por teléfono?
a) Sí .... 0 ☐   **b)** No .... 1 ☐

Cronometra el tiempo que necesitas para ver en cada grupo de dibujos cuál representa la línea más larga y márcalo con una cruz.

¿Cuánto tiempo has invertido en encontrar las líneas más largas de los dibujos?
a) Menos de 18 segundos .... 0 ☐
b) De 19 a 35 segundos .... 1 ☐
c) 36 o más segundos .... 2 ☐

Por ejemplo: si obtienes 3 puntos en la parte a y 6 puntos en la parte b, tu combinación es M–O.

A	1–3 puntos	**M**
	4–7 puntos	**L**
B	1–3 puntos	**N**
	4–6 puntos	**O**

L–O Sabes imponerte, pero no te gusta llegar a esta posición, por lo que intentas conseguir lo que quieres mediante el diálogo y las «técnicas de persuasión».

L–N Eres una persona muy segura de sí misma, directa y extrovertida. Quieres decidir y ver aceptadas tus ideas a toda costa.

M–N Tu meta es conseguir el poder, pero esas ansias hacen que descuides el camino para conseguirlo. Por eso te es difícil imponer tus opiniones. Piensas que puedes solucionar tus problemas de falta de seguridad en ti misma imponiendo tus ideas a los demás.

M–O Tu relación con los demás está basada en el respeto mutuo, por lo que el imponerse no tiene para ti ningún valor. Sabes organizar tu vida con una actitud tranquila, evitando las discusiones y respetando la opinión de los demás.

How to score

Total up your points for each section.
Find the letter which corresponds to your score in section A and B.
Combine the two letters and read the comment.

Now read through all four categories above.
Can you find two adjectives from the list below to describe each category?

tranquilo ansioso persuasivo dominante tolerante
directo inseguro seguro

You pick up a magazine and glance at your horoscope.
Match the numbered blanks with the words in the list below.

decisión inesperado original traer ofrecer rosa aclarar
astuto llamada demasiado cuidado actividad

HOROSCOPO

CAPRICORNIO

12 diciembre - 20 enero
Solitario/perfeccionista
Te sentirás fresca como una __1__ . Vas a recibir
una invitación.

ACUARIO

21 enero - 18 febrero
Intelectual/introvertido
Tendrás una __2__ telefónica inesperada o buenas
noticias por carta.

PICIS

19 febrero - 20 marzo
Soñador/tímido
Tendrás que tomar una __3__ muy importante.
__4__ con los pies. Te pueden dar molestias.

ARIES

21 marzo - 20 abril
Impulsivo/ambicioso
La semana empieza con problemas en el trabajo.

TAURO

21 abril - 21 mayo
Paciente/inflexible
Un nuevo amor y una nueva vida. Una semana de
gran __5__ para tí.

GEMINIS

22 mayo - 21 junio
Culto/alarmista
Hay la posibilidad de un viaje __6__ .

CANCER

22 junio - 21 julio
Romántico/ingenioso
Estos días pueden __7__ sorpresas agradables en el
trabajo.

LEO

23 julio - 23 agosto
Generoso/egoísta
Durante estos días encontrarás felicidad en tu hogar.
Gastarás __8__ dinero.

VIRGO

24 agosto - 23 septiembre
Inteligente/reservado
Buen momento para cambiar costumbres y ser más __9__ .

LIBRA

24 septiembre - 23 octubre
Simpático/sensible
Tendrás un problema de tipo sentimental. Tendrás
que hacer un gran esfuerzo para __10__ las cosas.

ESCORPIO

24 octubre - 22 noviembre
Valiente/enérgico
Te van a __11__ nuevas posibilidades en el trabajo.
Debes ser __12__ .

SAGITARIO

23 noviembre - 21 diciembre
Prudente/optimista
Buen momento para perder esos kilos de más. Te
sentirás muy vital y con ganas de hacer cosas.

solitario loner
soñador dreamer
dar molestias to bother
culto educated, cultured
inesperado unexpected
egoísta selfish
la felicidad happiness
sensible sensitive
hacer un esfuerzo make
  an effort
de más extra

Los astros

The stars never lie! Read what happened to the people below then look at last week's horoscopes on p. 70.
Can you guess their star signs?

1 Juanjo is always daydreaming. Last Monday he tripped and sprained his ankle badly.
2 Anita believes in a positive approach to life. Last week she started dieting yet again!

3 Lino loves giving expensive presents. Last Friday he spent three months salary on an engagement ring.
4 There's no stopping Merche once she's made up her mind! Last week she met a tall, handsome stranger and married him five days later!
5 Paqui's feelings are easily hurt. Her boyfriend didn't show up for a date last Saturday. Should she phone him?

Auto-retrato

What are you really like?
Write a short description of yourself in Spanish – approx. 100 words. Describe your physical appearance and personality. You can look back over the previous pages for ideas of what to include.
You may prefer to describe one of the people in the photographs above.

Word square

There are eight adjectives hidden in this square.
All have been used to describe people in this unit. The first one has been done for you.
Can you find the rest?

In pairs

In Spanish, describe a member of your class. Can your partner guess who it is?

```
T  R  P  E  S  S  E  R  I  O
R  A  R  I  I  V  G  U  O  P
A  T  U  I  M  P  O  B  M  T
N  J  D  C  P  E  I  S  A  I
Q  U  E  I  A  D  S  O  O  M
U  M  N  P  T  M  T  S  D  I
I  O  T  N  I  P  A  D  F  S
L  E  E  B  C  U  L  T  O  T
O  H  B  R  O  M  I  S  T  A
T  I  M  I  D  O  T  D  S  R
```

18 En correos

In the post office

Listen to the conversation in the post office and then decide whether the following statements are true or false.

1 Cuesta 40 ptas. mandar una carta a Inglaterra.
2 Cuesta 20 ptas. mandar una tarjeta postal a Inglaterra.
3 La carta urgente le cuesta 175 ptas.
4 En total paga 175 ptas.
5 Lisa le paga con un billete de mil pesetas.

Your turn now

Write down your part in the following conversation, then act it out with a partner.

Empleado: Hola ¿Qué hay?
Vd: (Hello. You want to send off a letter and a postcard to England.)
Empleado: Una carta y una postal . . .
Vd: (How much does it come to?)
Empleado: Son 40 de la carta y 30 de la postal. En total 70 pesetas.
Vd: (You only have a 1000 ptas. note – apologize.)
Empleado: No se preocupe. Tengo cambio.
Vd: (You also want to make a phone call to London. Where should you go?)
Empleado: Hay un locutorio al final del Paseo Marítimo.
Vd: (Thank you. Goodbye.)

Making a phone call

If you're in a Spanish resort in summertime you can go along to a **locutorio** – a telephone booth run by an operator. This is the easiest and cheapest way to make any overseas calls. You pay when you finish the call.

marcar	to dial
esperar	to wait for
seguido de	followed by
el abonado	subscriber
la cabina	phone booth

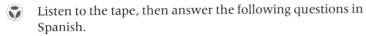 Listen to the tape, then answer the following questions in Spanish.

1 ¿Qué número se marca para Internacional?
2 ¿Qué se debe hacer después de marcar el Internacional?
3 ¿Cuál es el prefijo para Inglaterra?
4 ¿Qué número corresponde a Londres?

You need to make a local call and decide to use the call box outside the **locutorio**.

la conferencia	call
descolgar	to pick up
depositar	to place
la moneda	coin
el prefijo	area code
el tono de aviso	warning tone

Unfortunately, the instructions below are muddled up. Can you match three of them with the corresponding pictures?

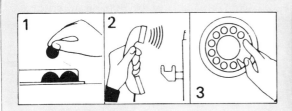

a Descuelgue y espere tono de marcar.

b Una vez consumidas las monedas depositadas oirá un tono de aviso y dispondrá de 10 segundos para introducir nuevas monedas, si desea prolongar la conversación.

c Deposite monedas.

d Marque el prefijo de la provincia a la que dirija la llamada, columna 1 del cuadro de prefijos y, a continuación, el número del abonado.

Now look at the remaining instruction.
How long do you have to put in more coins once the pips go?

Sending a telegram

You want to send a telegram. First look at the instructions on the right. See if you can find the Spanish terms for

sender message addressee address destination town in block capitals

 It's your pen-friend's birthday today and you decide to send her a telegram.

First copy out the portion of the telegram form outlined in blue. Can you fill it in correctly?

Wish her a happy birthday and confirm that you hope to see her next Wednesday as planned.

Her address is calle Córdoba 16, Alcobendas, (Madrid). You're on holiday and staying at the Gaviota Hotel, Algeciras, (Cádiz).

EL EXPEDIDOR DEBE RELLENAR ESTE IMPRESO, EXCEPTO LOS RECUADROS EN TINTA ROJA   T. G.-I.-EGSA

INDICACIONES TRANSMISION

INS O N.º MARCACION   SERIAL

TELEGRAMA

LINEA PILOTO

N.º ___ Pal. ___ día ___ hora ___ Ptas. ___

INDICACIONES: DESTINATARIO: ___   TELEX: ___
SEÑAS: ___
TELEFONO: ___
DESTINO: ___

TEXTO: ___

TFNO.: ___
POBLACION: ___

SEÑAS DEL EXPEDIDOR | NOMBRE: ___
DOMICILIO: ___

IMPORTANTE.—La hoja adjunta sirve de recibo y copia.

A-5 UNE 1011.-(148 × 210)

redactar   to complete
rellenar   to fill in
el expedidor   sender
el destinatario   addressee
las señas   address
el destino   destination
caracteres de imprenta
   block capitals

Post codes

Read this extract from a leaflet on the use of post codes.

Do you place the code number before or after the name of the city?

un número clave
para consignar direcciones

Ahora existe el "Código Postal". Un número imprescindible en cada envío para consignar la dirección del destinatario y la dirección del remitente.
Un número clave que deberá figurar inmediatamente antes de la población de destino y antes de la población de quien remite.

Wish you were here . . .

Here are some postcards written by Spanish teenagers to their friends. Read them through, then copy out the puzzle and fill in the answers to the clues.

You have to find the words which mean the same as the phrases in italics.

Horizontal

1 Gente *simpática*
2 *Sin ruidos*
3 Dar un *paseo*
4 Cuando te *diga*
5 *Bronceado*
6 *Maravilloso*

Vertical

1 *Divertirse*

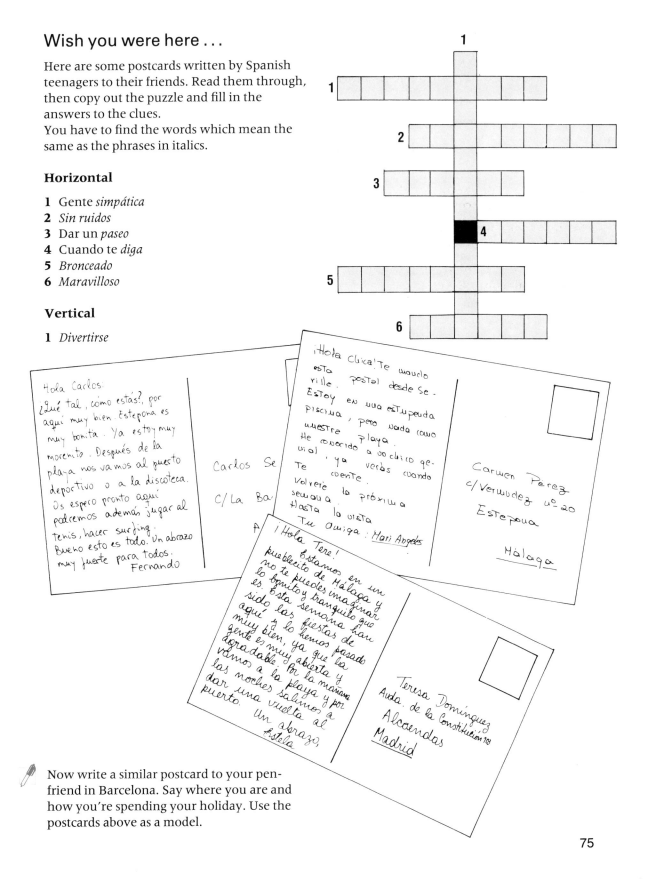

Now write a similar postcard to your pen-friend in Barcelona. Say where you are and how you're spending your holiday. Use the postcards above as a model.

Transcripts of recorded material

1 El cine

Making a date

Maika: Sí . . . sí soy yo. Dime. Buenas tardes, buenas tardes . . . mucho.
Juan: _____
Maika: Pues . . . no, no tengo nada que hacer esta tarde.
Juan: _____
Maika: ¿Al cine? ¿Qué película echan?
Juan: _____
Maika: ¿Dónde? ¿Dónde echan la película?
Juan: _____
Maika: Bueno, pues vamos a la de Marbella.
Juan: _____
Maika: Exacto. ¿Cuándo nos vemos?
Juan: _____
Maika: ¿Dónde?
Juan: _____
Maika: De acuerdo. Pues, a las nueve en casa. Vale. Hasta luego.

What's on?

Les habla el contestador automático del Oasis Palace. La programación para el día de hoy es la siguiente:

La fuerza del cariño. Interpretada por Shirley Maclaine, dirigida por James Brooks. Autorizada para mayores de 13 años en la Sala Picasso.

Sala García Lorca – **Viernes 13, último capítulo.** Interpretada por Kimberley Beck y dirigida por Joseph Zito. Autorizada para mayores de 18 años.

Sala Buñuel – En versión original en inglés subtitulada, **La ley de la calle.** Interpretada por Matt Dillon y dirigida por Francis Ford Coppola. Autorizada para mayores de 13 años.

El horario para estas funciones es de 7, 9 y 11 horas. Si desea hacer alguna otra aclaración pueden llamarnos al 77 70 54. Muchas gracias.

2 Su dinero

Los cheques de viaje

María: Buenos días.
Empleado: ¿Le puedo atender?
María: Pues, sí. Quería informarme sobre los cheques de viaje.
Empleado: Los cheques de viaje . . .
María: Traveller's cheques . . .
Empleado: Traveller's cheques. ¿Los quiere Vd. en moneda extranjera, en libras, en dólares o prefiere Vd. en pesetas si lo va a utilizar en España?
María: Pues, en las dos cosas porque tengo que salir al extranjero.
Empleado: Y en España . . .
María: Las dos cosas . . .
Empleado: Ya sabe Vd. que los puede utilizar en cualquier establecimiento público, entidades bancarias, gasolineras etc. ¿De qué denominaciones los quiere Vd. los traveller's cheques en pesetas?
María: ¿Cómo los hay?
Empleado: Los hay de 2.500, de 5.000 y de 10.000 pesetas. Hoy día los que más se usan son los mayores o los medianos . . .
María: 5.000 y 10.000.
Empleado: 5.000 y 10.000 porque 2.500 se ha quedado ya un poco pequeño. ¿Qué cantidad quiere en traveller's cheques, por favor?
María: Bueno, quiero saber qué . . . qué intereses tienen.
Empleado: El coste de los traveller's cheques tanto en pesetas como en cualquier moneda extranjera es siempre el uno por ciento del importe que se solicite.
María: El uno por ciento del importe solicitado. En caso de pérdida . . .
Empleado: En caso de pérdida.
María: ¿Qué debo hacer?
Empleado: En caso de pérdida debe Vd. dirigirse a cualquier entidad bancaria con una denuncia de la policía para que el banco se ponga en contacto con *Visa* y le solucione a

Vd. el problema que le devuelvan los traveller's cheques inmediatamente con la previa autorización de *Visa* en Madrid. La de *Visa* en España o donde corresponda si es en el extranjero.

María: ¿Cuánto suele tardar más o menos la devolución en caso de pérdida?

Empleado: Normalmente se puede gestionar durante la misma mañana.

María: A-ja.

3 El restaurante

La cena

Fernando: Hola, Carmen. Te llamé anoche pero nadie cogió el teléfono.

Carmen: No, es que salimos a cenar. Fuimos a Mesón Arni.

Fernando: Eh – ah – ¿el de la calle Mondejar? ¿Qué tal? Nunca he comido allí.

Carmen: Pues lo pasamos francamente bien. Yo tenía ganas de probar algo distinto.

Fernando: Y ¿qué comisteis?

Carmen: Bueno, de primero Juan tomó gazpacho como siempre – ya sabes, cuando llega el verano es lo único que quiere. Y yo probé el chimichunga.

Fernando: ¿El qué?

Carmen: El chimichunga – una especie de rollo frito con judías, pimiento verde, queso y carne picada. ¡Estaba riquísimo!

Fernando: Y ¿de segundo? Bueno, tomaríais alguna especialidad mejicana ¿no?

Carmen: Sí, yo pedí una enchilada de pollo con almendras y aceitunas. Pero Juan quiso comer una moussaka.

Fernando: Mmm . . . carne picada y legumbres, una salsa bechamel, todo gratinado. ¡No como moussaka desde que pasé aquellas vacaciones en Grecia!

Carmen: Desde luego tenía muy buena pinta. Después los dos tomamos la Sopapilla.

Fernando: Sopa ¿de postre?

Carmen: Bueno, eso pensé yo, pero resulta ser una pasta dulce rellena de fruta seca, almendras y miel. Lo sirven caliente con nata. ¡Imagínate las calorías!

Fernando: Pero si alguna vez hay que disfrutar. La semana que viene en mi cumpleaños – sería un sitio ideal para celebrarlo la familia. ¿Qué noche cierran?

Hay . . .

La dueña: Bueno, pues, son siete ¿no?
– Sí, sí . . .

La dueña: De comida hay . . . hay sopa de cocido, hay sopa castellana, hay fabada, hay menestra de verduras, hay ensaladilla rusa, hay revuelto de trigueros, hay espárragos con mahonesa, hay alcachofas o guisantes con jamón. Eso de primero – o hay ensaladas también.

– Vamos Leandro, anímate con una fabadita ¿eh?

– Ahora hace mucho calor . . .

– Yo ensaladilla . . .

– . . . para comer fabada.

La dueña: Por ahí se empieza . . .

– Ensaladilla rusa

La dueña: Una de rusa.

– Yo también.

La dueña: Rusa, vale.

– Ensaladilla rusa.

La dueña: Rusa tres.

– También.

La dueña: También, cuatro.

– Yo, una ensalada de lechuga y tomate.

La dueña: Una ensalada.

– Quedo yo, revuelto de trigueros.

– Un revuelto de trigueros.

De segundo

La dueña: De segundo, hay chuletas de cordero, hay cordero asado, hay filetes, hay entrecot, hay merluza y hay huevos y tortillas lo que quiera. ¿De segundo?

– De segundo . . .

– Chuleta

– Yo, merluza.

La dueña: Merluza.

– Yo, también.

– Yo una tortilla . . .

La dueña: Dos.

– . . . una tortilla.

La dueña: Una tortilla ¿de qué? ¿De

espárragos, de jamón, de . . .?
– No, a la francesa.
La dueña: A la francesa – normal. ¿Angel?
– Chuleta de cordero.
La dueña: Chuleta de cordero.
– ¿Vino?
– Yo, merluza hervida con patatas cocidas, cebolla y . . .
– Hala – ya está, ya está el pescado de siempre . . .
La dueña: Bueno vale, bueno, esto lleva un poco de tiempo ¿eh?
– Yo, huevos fritos con chorizo.
– Anda, en verano eso ¿eh?
La dueña: Huevos con chorizo.
– Y yo de beber, cerveza.
La dueña: Cerveza . . .
– No, pues, vino. . .
La dueña: ¿Vino? ¿Para todos?
– Vino, vino blanco . . .
– Pues, yo quiero tinto.
– Pues, una botella de vino blanco y otra de vino tinto.
La dueña: Y otra de tinto . . .
– Muy bien . . .
La dueña: El postre lo anoto luego ¿no?
– Sí.

De postre

La dueña: De postre tienen o fruta o postre de aquí de casa, hecho en casa o helados. De fruta hay fresquillas o peras o naranjas, o manzanas. De postres hechos en casa hay flanes de huevo y coco o de chocolate. . . . Y de helados hay helado de tarta helada, hay bombones y hay un helado que está riquísimo que se sirve con chocolate caliente.

4 Viajar

At the travel agent's

Empleado: Hola, buenos días.
Elena: Buenos días. Mire, necesito de ir a Madrid este fin de semana y quisiera que me informara sobre los precios y los medios de ir, si en avión o en tren . . . como sería mejor . . .
Empleado: Bueno, tiene tres posibilidades de ir a Madrid – en autobús, tren o avión. Si va en autobús vale unas 2.600 cada trayecto, en tren sobre 3.000–3.500 cada trayecto también, y en avión, comprándolo con cuatro días de antelación, siempre sería el mínimo cuatro días, tiene la opción de coger un 40% que le saldría sobre 16.520 a 9.910.
Elena: Bien. Entonces como hoy es lunes estamos a tiempo . . . podíamos coger el . . .
Empleado: . . . para este jueves o viernes . . .
Elena: . . . el avión que es rápido.
Empleado: . . . podía ser ya.
Elena: Bueno, como lo mejor es el avión que es más rápido. Pues, a ver, cómo, ¿qué horario tienen de vuelo y eso?
Empleado: Pues, si sale el jueves o el viernes por la tarde, saldría a las seis y veinte o 22.10 por la noche y regresando el domingo, porque tiene que pasar un sábado allí, a las . . . sobre la una de la tarde.
Elena: Bueno, yo tengo que salir el viernes por la noche o por la tarde, y tengo que estar aquí el domingo por la tarde o por la noche mejor . . .
Empleado: Entonces, le vendría muy bien salir a las seis y veinte el jueves o viernes y regresando el domingo sobre medio día.
Elena: Bien, pues, entonces me hace una reserva de . . . para el viernes por la tarde y el domingo por la noche de vuelta.
Empleado: De acuerdo.
Elena: Eso costaría ¿cuánto me ha dicho?
Empleado: Eso costaría 9.910.
Elena: De acuerdo, pues me lo reserva Vd.
Empleado: De acuerdo, gracias.
Elena: Adiós, buenos días.

At the airport

– Sres. Torrente – pasajeros destino Palma de Mallorca embarquen urgentemente puerta nueve, por favor.
– Salida de Iberia 614 destino Bilbao puerta trece, por favor.
– Aviso urgente para los señores pasajeros de Iberia 575 destino Santiago de Compostela, puerta siete, por favor.
– Aviso urgente para los señores pasajeros de Iberia 403 destino Santa Cruz de Tenerife, puerta doce, por favor.

– Salida de Aviaco 745 destino Badajoz puerta seis por favor.
– Aviso urgente para los señores pasajeros de Iberia 167 destino Las Palmas de Gran Canaria puerta ocho, por favor.
– El vuelo de Iberia 481 con destino Málaga tiene un retraso de salida hasta las 17.35 debido a las operaciones de mantenimiento pre-vuelo del avión.

On the bus

Mercedes: Sí, es la primera vez que viajo en autobús de Málaga a Madrid. Pues porque es muy barato. Porque cuesta justo la mitad del tren y me conviene ahora porque tengo poco dinero.
Ana: Pero, tendrá algún inconveniente ¿no?
Mercedes: Sí, es incómodo; no te puedes mover; no te puedes tumbar, no puedes dormir. Vas de noche, no ves nada. Creo que tiene casi todos los inconvenientes.
Ana: ¿Cuánto tarda?
Mercedes: Diez horas, diez horas en un viaje que en coche normalmente son seis y media o siete.

. . .

José: He cogido el autobús porque me venía bien por la noche para aprovechar el día en la playa. Como llevo el tiempo tan mínimo, tan contadísimo, es por lo que, he preferido ganar días de playa y viajar por la noche.
C.B.: Y no, ¿no se cansa mucho?
José: Pues, sí, el autobús no me . . . no me gusta mucho para el viaje, me gusta más el tren. Pero también lo he hecho mirando la cuestión económica ¿eh?
C.B.: ¿Qué vale el autobús?
José: El autobús vale solamente 2.500 pesetas mientras que el tren en litera costaba 4.000 y en camarote o en habitación particular . . .
C.B.: Sí.
José: . . . costaba 8.000 pesetas. Merece la pena viajar en autobús.

5 Esos kilos de más

El footing

Adolfo: Bueno, pues yo la verdad que, es que empecé el footing porque, aparte de que me gusta el deporte, pues en la época esa, que recuerdo hace seis o siete años, pues tenía yo unos kilos de más, unos kilos de más – quince, quince efectivamente, quince fueron. Y entonces, pues yo la . . . no veía la forma de perderlos porque además que para mi profesión pues necesito una puesta a punto, vamos, un poco regular y entonces pues empecé a practicar el footing. Y la verdad es que me encontraba yo bastante satisfecho tal como iban pasando los días y aparte de eso, pues me notaba con una dieta un poco también que me la puse yo por mi cuenta, pues notaba yo que efectivamente esos kilos de más pues iban desapareciendo.
C.B.: Y ¿cómo empezó?
Adolfo: Pues empecé pues practicando . . . cuatro kilómetros, empecé cuatro kilómetros, un poco de fútbol porque también me gusta mucho el fútbol. Pero vamos, hacía a diario pues tres o cuatro kilómetros. Luego ya al cabo de los años pues como me he encontrado muy a gusto y yo notaba que . . . que iba a más pues hoy en día, pues, ayer . . . hice diez kilómetros y es lo que suelo hacer entre ocho o diez kilómetros. Yo, por mi trabajo, tan solamente puedo practicarlo un día sí y otro no. El día que estoy de servicio no puedo, y el día que estoy de descanso pues, por la mañana, a las ocho de la mañana, me levanto y hago mis diez kilómetros con una marca bastante buena, yo creo que bastante buena, unos 35 minutos o cosa así.

Puesta a punto

Begoña: Bueno, pues, tenemos un entrenamiento de músculos, movimientos de cadera, brazos, cabeza, cuello. Se trabaja todo el cuerpo. Es muy bueno, pues cuando se tiene reúma, por ejemplo, en una pierna y tal. Al hacer el ejercicio con el músculo pues todo va . . . va bien, vamos.
C.B.: Y ¿cuántas veces a la semana debe de practicarse?

Begoña: Lo normal son tres veces a la semana.

C.B.: ¿De una hora?

Begoña: De una hora tres veces a la semana o dos veces a la semana de hora y media.

6 De compras

El día del libro

Locutora: Nuestro departamento de librería está celebrando el Día del Libro.

Locutor: Por eso, este es el mejor momento para adquirir todos esos libros que Vd. desea leer. Entre otras cosas, le saldrán un diez por ciento más barato.

Locutora: Efectivamente, con motivo del Día del Libro, nuestro departamento de librería, ha puesto un diez por ciento de descuento a todos sus libros.

Locutor: Sea cual sea el tipo de literatura que a usted le gusta, la clase de libros que desea, lo encontrará en el departamento de librería. Los tenemos todos, desde los últimos best-sellers a los grandes clásicos. Todo para satisfacer a los aficionados a la lectura.

7 Pasatiempos

Spot the difference

Nacho: Hola, Rocío, ¿qué estás haciendo?

Rocío: Estoy buscando diferencias entre estos dos cuadros, ¿ves?

Nacho: Sí, pero ¿cuántos tienes?

Rocío: Son siete diferencias.

Nacho: A ver . . .

Rocío: Mira, aquí, por ejemplo . . .

Nacho: ¿Dónde?

Rocío: . . . en la planta, en la parte de abajo . . .

Nacho: Ah – sí.

Rocío: . . . hay una hoja de más. ¿La ves?

Nacho: Es verdad . . . sale allí una . . .

Rocío: Busca alguna.

Nacho: Mm. Ay, mira el moño de la señora. ¿Lo ves? En la parte de abajo lo tiene más largo que el de arriba.

Rocío: Sí, es verdad . . . y el ojo, fíjate, el ojo es más grande abajo.

Nacho: Sí, el ojo . . . de la señora. Es verdad. Fíjate, el de la derecha.

Rocío: Mm.

Nacho: ¿Cuántas llevamos? Tres ¿no?

Rocío: Mm. Sí son tres . . .

Nacho: La hoja, el moño y el ojo.

Rocío: Mm. El pendiente, el pendiente también, fíjate.

Nacho: Es verdad. Tiene tres el de abajo y arriba nada más que tiene dos.

Rocío: Mm.

Rocío: Nos quedan.

Nacho: Llevamos cuatro.

Rocío: En el señor, busca . . .

Nacho: Ah, en el señor, mira, el . . . ¿no ves el bigote? . . . en el de abajo . . .

Rocío: Es más largo, sí.

Nacho: Lo tiene más largo el de abajo y el de arriba es muy corto.

Rocío: Ay, y la lengua.

Nacho: ¡Anda! Es verdad. La lengua la tiene aquí, arriba tiene lengua y abajo no tiene.

Television

Locutor: Señores espectadores dentro de un momento llegará a sus pantallas el informativo Telediario.

Telediario: Los Reyes presiden la revista aeronaval celebrada esta tarde en la Ría de la Coruña.
El bombardeo del aeropuerto de Teherán por la aviación iraquí abre una nueva dimensión en la Guerra Irán – Iraq.
Italia dio hoy su último adiós a las víctimas de la tragedia del estadio Heysel de Bruselas.
Hola, muy buenas noches. . . .

Programación: El miércoles, a las 7 de la tarde, desde la Plaza de las Ventas madrileña, corrida de la Feria de San Isidro, con las actuacions de los diestros, Palomo Linares, Julio Robles y José y José Cubero el 'Yiyo'.

8 Sobre ruedas

Alquilar un coche

Javier: Buenos días.

Empleado: Hola, buenos días.

Javier: Mire, eh . . . tengo unos amigos que van a venir de vacaciones una semana . . .

Empleado: Sí.

Javier: . . . y están interesados en alquilar un coche para visitar esta parte de Andalucía: Sevilla, Córdoba y la zona de Cádiz . . .

Empleado: Sí.

Javier: . . . y entonces ¿qué coche me recomendaría Vd. para ellos?

Empleado: ¿Tiene Vd. alguna idea del coche que quieren?

Javier: Bueno, estos . . . esta familia son un matrimonio y dos niños.

Empleado: Sí.

Javier: ¿Qué coche sería más . . .?

Empleado: Pues, yo en este caso, tal vez el Ford Fiesta le vendría muy bien.

Javier: El Fiesta – pues, ¿qué cuesta el Fiesta?

Empleado: ¿Lo quiere Vd. para ilimitado? Muchos kilómetros viene Vd. a hacer . . .

Javier: Sí, sí – por toda Andalucía y luego . . . bastantes kilómetros, bastantes kilómetros.

Empleado: Por lo menos, ¿100 diario o más?

Javier: Sí, sí, sí.

Empleado: Pues en este caso recomiendo yo kilómetro ilimitado. Van los kilómetros incluído. Entonces, en este caso sería 18.025 la semana más 400 pesetas diarias que a la semana son 2.800. Y al total le añade Vd. el I.T.E. – el cinco por ciento – y nada más.

Javier: El seguro ¿está incluído?

Empleado: Paga Vd. 400 diarias por el seguro.

Javier: Ah – las 400 pesetas son por el seguro. De acuerdo. Bien, y ¿qué tendría que dejar de depósito?

Empleado: Pues en este caso, como es ilimitado pues lo paga Vd. por adelantado – eh – y lo paga todo y ya está tranquilo.

Javier: De acuerdo. Muy bien. Pues yo lo voy a estudiar. Lo voy a hablar con ellos y ya lo decidiré para reservar el coche ¿eh?

Empleado: Muy bien. De acuerdo.

Javier: Adiós.

Empleado: Gracias.

En caso de emergencia

Locutora: ¿Qué debe hacer un conductor cuando hay una emergencia? ¿Sabe Vd. cómo actuar? Hoy nos aconseja el Sr. Bermúdez de la revista *Mi Auto.* Buenas tardes, Sr. Bermúdez.

Bermúdez: Buenas tardes. Encantado de estar con Vds.

Locutora: Para empezar, ¿qué se debe hacer si parece inevitable la colisión frontal con otro coche?

Bermúdez: Bueno, lo más importante es pisar a fondo el freno y cerrar la llave de contacto para evitar la posibilidad de incendio.

Locutora: Bien. Otra situación espantosa ocurre si fallan los frenos. ¿Qué debemos hacer?

Bermúdez: Varias cosas: accionar el pedal de freno rápida y frecuentemente. Cambiar a una velocidad menor y actuar con el freno de mano. Si no queda otro remedio desviar el coche fuera de la carretera.

Locutora: Hmm. Otra situación algo extrema – el automóvil cae al agua.

Bermúdez: Lo importante es no perder la serenidad. Mientras el coche flote hay que tratar de salir por una puerta o ventana. Si no se consigue, hay que pensar que no se podrán abrir las puertas hasta que el coche esté lleno de agua.

Locutora: Pero, y ¿si no queda suficiente aire?

Bermúdez: Bueno, no hay que olvidar entonces que en la parte más elevada se forma una bolsa de aire donde se puede respirar durante algún tiempo.

Locutora: O sea – es cuestión de no perder la calma.

Bermúdez: Exacto.

Locutora: Una situación que ocurre más a menudo es el incendio. ¿Cómo se debe actuar si el coche se incendia?

Bermúdez: Bueno, primero quitar la llave de contacto y desalojar el coche. Actuar con calma y tratar de apagar el fuego con un extintor o mantas pero *nunca* con agua. Si el fuego se acerca al depósito de gasolina, hay que salir corriendo.

Locutora: ¡Menudo susto! Ahora, ¿qué debemos hacer cuando otro vehículo levanta

suelta y se rompe el parabrisas de nuestro coche?

Bermúdez: El parabrisas se vuelve opaco y no se puede ver nada. Si esto ocurre, no asustarse y dar rápidamente un puñetazo al cristal roto para abrir una ventana que permita ver la carretera.

Locutora: Y para terminar, lo que a todos nos pasa cada verano . . . una avispa se mete en el automóvil.

Bermúdez: Ante todo – no perder la calma. No apartar la vista de la carretera ni soltar las manos del volante. De ningún modo intentar echar al insecto mientras el coche esté en marcha. Detener el coche, apartándose de la carretera y echarlo con tranquilidad.

9 Dígame

Making a phone call

Juan: Sí – hola, buenas tardes. Mire, llamo para reservar un taxi para mañana por la mañana.

_____

Juan: Sí, mire tengo que salir para el aeropuerto y tengo que estar allí a las siete y media.

_____

Juan: Vivo – no sé, quizás Vd. me puede aconsejar a qué hora debo salir – vivo en Hortaleza . . . Sí, en la calle Santa Susana.

_____

Juan: A las siete y media.

_____

Juan: ¿Sí? Una media hora. Entonces la salida sería a las siete . . . sí. Santa Susana número nueve. Sí.

_____

Juan: Mi nombre es Juan Bautista García.

_____

Juan: El teléfono 650 4791.

_____

Juan: De acuerdo. Muchas gracias. Adiós.

10 Vacaciones

At the travel agency

Ana: Hola, buenas tardes.

Empleado: Hola. ¿Qué hay?

Ana: Em – yo es que quiero pasar unas pequeñas vacaciones en Marruecos y entonces, no sé, quiero saber cuánto me cuesta . . . en qué condiciones lo hago y todo eso.

Empleado: ¿Cuántos días más o menos prefiere Vd. ir?

Ana: Pues, cuatro, una cosa así . . . como cuatro días.

Empleado: Cuatro días.

Ana: Mm.

Empleado: Pues . . . de momento solamente tenemos uno, dos, tres o siete días.

Ana: Ah – ya, ya – están programados . . .

Empleado: Exacto. El que más le convenga o . . .

Ana: Pues, el de siete, por ejemplo . . .

Empleado: ¿El de siete días?

Ana: Sí.

Empleado: Son salidas todos los domingos. Salidas – le recogemos en su hotel o bien, aquí en la oficina. El precio son 37.000 pesetas.

Ana: Pero una semana incluye . . .

Empleado: Eso incluye media pensión, autobús y practicamente, pues, todas las visitas en las ciudades de Marruecos y siempre un guía contigo más o menos, y, no sé, todos los hoteles de cuatro estrellas o cinco estrellas en media pensión. Salida todos los domingos.

Ana: O sea, media pensión solamente el desayuno y todo eso . . .

Empleado: Sería . . .

Ana: . . . ¿o el almuerzo?

Empleado: Sería el desayuno o practicamente, mayormente, sería el desayuno y cena según la ruta del autobús.

Ana: Y por Marruecos – eh ¿se incluye también autobús para ir visitando?

Empleado: Sí, el autobús, el autobús mismo que le recoge aquí en la Costa . . .

Ana: Sí.

Empleado: . . . lo pasamos a Marruecos y el mismo autobús va a Marruecos.

Ana: En el barco.

Empleado: Hace Ceuta, Tetuán, Tánger, Fez, Marrakech . . .
Ana: Vale, pues entonces, ya lo pensaré. Muchas gracias.
Empleado: De nada.

Don't miss . . .

Laila: ¡Ah! La comida marroquí es muy rica. Debería probar el té, el té, el típico té marroquí que es, que lo hacen, que está hecho con menta . . .
C.B.: ¿Qué más?
Laila: Sí, y también debería probar los dulces que . . . creo que los dulces marroquíes son . . . son algo maravilloso. Son muy buenos.
C.B.: Pero, cuéntame, ¿con qué? ¿Con nata o . . .?
Laila: No, están hechos con . . . siempre los hacen – em – con . . . no sé . . .
C.B.: ¿Con miel o . . .?
Laila: Con miel. Casi todos tienen miel, siempre.
C.B.: ¿Y nueces?
Laila: Y nueces. Tienen muchísimas cosas. Llevan muchas cosas.
C.B.: Demasiado dulce quizás, ¿no?
Laila: Sí, algunos son demasiado dulces, pero con las cosas que llevan ya no se nota lo dulce que es . . . es muy rico. Vd. ya ha probado . . .
C.B.: Sí, sí.
Laila: . . . un dulce. ¿Cómo se llama?
C.B.: O – no recuerdo.
Laila: ¿No? Se llama *shebaquía*.
C.B.: *Shebaquía.*
Laila: Sí.
C.B.: Y ropa. ¿Me puedo comprar algo bonito allí . . .?
Laila: Sí. Puede comprar unas Gelibeas, que es un típico traje de Marruecos. Un traje large con dorado por aquí . . . por la . . . el cuello.
C.B.: Sí, y la manga ¿cómo?
Laila: Las mangas son cortas. Es el típico traje de Marruecos.
C.B.: Y eso ¿dónde es mejor comprarlo? ¿En una tienda o en el zoco . . .?
Laila: No, es mejor comprarlo en el zoco. Porque en el zoco es más barato, claro. En una tienda como van muchos turistas, entonces lo ponen más caro.

C.B.: Mm. Pero hay que regatear ¿no?
Laila: Sí. Hay que regatear. En Marruecos se regatea bien con los mercaderes.
C.B.: Y si me compro uno, ¿qué me podría costar?
Laila: Pues . . . no le costará más que mil pesetas. Es muy barato creo.
C.B.: ¿Seguro que lo saco por mil?
Laila: Sí.
C.B.: ¿Seguro?
Laila: Sí. Por mil.

Where did you go?

Pablo: Hola, Patricia. Te quiero hacer unas preguntas sobre tus últimas vacaciones. ¿Cuándo fueron?
Patricia: En el 84, en agosto.
Pablo: ¿Dónde fuiste?
Patricia: A Roma.
Pablo: ¿Cuántos días estuviste de vacaciones?
Patricia: Dos semanas.
Pablo: Y . . . el viaje ¿qué tal? ¿Todo bien?
Patricia: Lo mejor de todo fue la comida y los monumentos.
Pablo: Y ¿lo malo?
Patricia: Hacía bastante calor.
Pablo: Bueno, en resumen, ¿cómo fue todo?
Patricia: Muy divertido y cultural.

. . .

Patricia: Hola, Pablo. Cuéntame tus últimas vacaciones. ¿Cuándo fueron?
Pablo: Mm . . . fueron en Semana Santa del 85.
Patricia: Y ¿dónde fuiste?
Pablo: Me fui a Estados Unidos.
Patricia: ¿Cuántos días estuviste allí?
Pablo: Estuve dos semanas, nada más.
Patricia: Ah. ¿Qué fue lo . . . lo mejor que viste?
Pablo: Lo mejor – la . . . la gente, la forma de tratar a las personas y las juergas. Estaba siempre de fiesta.
Patricia: Y ¿lo que menos te gustó?
Pablo: Lo que menos, que había demasiada gente.
Patricia: Hazme un resumen de tu viaje.
Pablo: Pues, fue fantástico.

11 La musica de hoy

My kind of music

Loli: ¿Cómo te llamas?

Asumpta: Me llamo Asumpta.

Loli: ¿Qué edad tienes?

Asumpta: Tengo 16 años.

Loli: ¿Cuál es tu música favorita?

Asumpta: Me gusta la música pop más que nada . . . y algunos otros estilos . . . la música lenta también, pero normalmente la pop.

Loli: Y ¿por qué te gusta?

Asumpta: No sé, en fin, es la que está más de moda en este momento.

Loli: Y ¿tienes algún cantante o grupo predilecto?

Asumpta: Sí, mi cantante favorito es Miguel Bosé, pero me gusta más como cantante que como persona.

Loli: Y ¿la música que no te gusta?

Asumpta: No me gusta nada el heavy – el rock and roll, vamos. Muy duro ¿no?

Loli: Y ¿por qué?

Asumpta: Porque no . . . mm . . . en ningún momento me gusta esa música. No, no me hace sentir nada . . .

Loli: ¿Asistes a conciertos?

Asumpta: Sí, normalmente suelo ir pero sólo cuando me gusta bastante o cuando hago un interés especial. No, no voy a todos, por regla general voy a los que me interesan más.

Loli: ¿Compras discos o casetes a menudo?

Asumpta: Bueno, igual que lo de los conciertos, sólo cuando me interesa mucho porque son . . . bastante caros. Normalmente suelo grabar de cintas.

What kind of music do you like?

Rocío: ¿Cómo te llamas?

Almudena: Almudena.

Rocío: ¿Cuántos años tienes?

Almudena: Diez y siete.

Rocío: ¿Cuál es tu música favorita?

Almudena: Me gusta la música lenta.

Rocío: ¿Qué música no te gusta?

Almudena: La música discotequera.

Rocío: ¿Qué grupo o cantante te gusta?

Almudena: Phil Collins.

Rocío: ¿Asistes a conciertos?

Almudena: Muy pocos.

Rocío: ¿Compras discos o casetes?

Almudena: Discos.

. . .

Amparo: Hola, ¿cómo te llamas?

Yolanda: Yoli.

Amparo: ¿Cuántos años tienes?

Yolanda: Catorce.

Amparo: A ver. Em – ¿cuál es tu cantante preferido o grupo?

Yolanda: Mm . . . no sé. Me gusta Luis Miguel, Durán Durán . . . varios.

Amparo: ¿Cuál es la música que no te gusta?

Yolanda: Er – la heavy y . . . no, casi todas las músicas.

Amparo: ¿Asistes a muchos conciertos?

Yolanda: Mm . . . regular – a los que me gustan pero según, según si me gusta sí, si no . . .

Amparo: ¿Compras discos o casetes a menudo?

Yolanda: Sí. Me gusta toda la música.

Amparo: ¿Cuál es tu música favorita?

Yolanda: Eh – todo tipo de música. No sé, la pop . . . la pop es la que más escucho. Este – em – la música lenta, la música, toda la clase de música.

12 Estar en forma

Keeping fit – the fun way

Deloris: . . . Muy bien. Relajar, respira . . . ¿Okay? Muy bien. Ahora de pie y . . . manos en la cintura. Mmm? Cuerpo largo, doblando las dos rodillas: y uno – recto, dos – otro, tres – recto, cuatro – doblar bien, cinco, seis, mantener talón en el suelo, siete, ocho . . .

. . .

Deloris: . . . y el último – mm. También empezamos con la mano en la cintura. Este lo conocen ustedes . . . Ahora vámonos a hacer el otro lado, brazo derecho en la cintura. Brazo izquierdo a la altura de los hombros. Llevamos el cuerpo a la derecha. Brazo izquierdo encima de la cabeza. Vámonos y uno – vuelves al centro, dos – otra vez, y uno – estire el brazo izquierdo, vuelves – dos, otra vez y uno – estire esa cintura y vuelves – dos, y último, y uno y vuelves dos. Muy bien. Relajar . . .

. . .

Pepi: Entonces, me enteré de que aquí había una mujer que daba jazz que es el baile que me gusta ¿no? Entonces, me apunté y llevo sobre unos nueve meses o por ahí, y me va muy bien. Y aparte de eso porque yo creo que está bien para estar en forma . . . También doy clases de aerobic . . . y . . .

Sr. García: ¿Cuántas veces a la semana?

Pepi: Dos veces – martes y jueves. Vengo de siete y media a ocho y media. Yo por mí, claro, vendría más días, lo que pasa es que . . . el presupuesto.

Bueno, en mi clase hay, sobre unas ocho o nueve chicas ¿no? Chicos hay muy pocos; chicos . . . nada más que hay dos . . . Lo que pasa es que aquí la gente dice que el jazz no es para chicos, cosa que no es verdad. Yo creo que eso lo puede practicar todo el mundo – lo mismo hombres que mujeres ¿no? Y las clases son de agilidad, flexibilidad. Hacemos muchas clases de ejercicios. La clase dura una hora, pues casi media hora de ejercicio y la otra media hora de coreografía . . .

Sr. García: ¿Con música?

Pepi: Con música, sí, y por cierto, una música preciosa.

13 Si . . .

Si me toca la lotería

Antonio: Bueno, vamos a ver, yo llevo cinco décimos . . . cinco décimos de lotería que me ha costado cada uno a 250 ptas. en total mil eh mil doscientas cincuenta ptas. Y en cuanto al premio, pues, mira, aquí me puede tocar, pues, con los cinco décimos, me puede tocar . . . mm . . . veintidós millones de ptas. En total, si salgo agraciado con el primer premio, me puede tocar eso, veintidós millones de ptas. Y

con veintidós millones de ptas. pues, se puede hacer grandes cosas ¿eh? Yo creo que se puede hacer grandes cosas.

En una isla desierta

Carmen: Fernando, sé que te entusiasma la naturaleza y te encanta estar al aire libre. Si de repente te encontraras en una isla desierta, ¿sabrías salir adelante?

Fernando: ¡Cómo no! Ante todo porque soy bastante optimista. Si me hallara en una islita pues procuraría disfrutar de mis días allí.

Carmen: Pero, también tendrías tus problemas ¿no?

Fernando: Depende. Si hubiera posibilidades de pescar algo, probaría suerte. Y si fuera una de esas islas que salen en los anuncios de tabaco, seguro que habría cocos y fruta exótica. ¡No me moriría de hambre!

Carmen: Y ¿la caza? ¿Te atreverías a matar animales para sobrevivir?

Fernando: No creo. Me conformo con mi dieta a base de pescado y fruta.

Carmen: Y si pudieras llevarte algún disco o casete ¿cuál escogerías?

Fernando: ¿Sólo uno? Entonces algo clásico para no cansarme. Me gustaría algún concierto de Vivaldi.

Carmen: Y ¿si te permitieran algo de lectura?

Fernando: Me encanta la poesía. Así que me llevaría la obra completa de Góngora.

Carmen: ¿Algún artículo de lujo para endulzar tu existencia allí?

Fernando: Bueno, depende de lo que quiere decir por lujo. Supongo que no te refieres a un bote de caviar ruso o trufa?

Carmen: Si es lo que te apetece.

Fernando: No, hombre. Si pudiera tener algo, me llevaría mi guitarra.

Carmen: ¿Y contento?

Fernando: Sí, ¿por qué no? Algún día me rescatarían ¿no?

14 ¡Buen provecho!

Antonio

C.B.: Bueno, de tapa ¿qué tienen?
Antonio: Pues, patatitas con bacalao, pulpo en ensaladilla,
C.B.: Sí.
Antonio: patatas con gambas,
C.B.: Sí.
Antonio: mojama.
C.B.: Mojama ¿qué es?
Antonio: Mojama es el lomo del atún en seco.
C.B.: Sí.
Antonio: Bonito seco – también. Mozclón que es morcilla . . .
C.B.: Sí.
Antonio: y salchichón, tapitas de jamón . . .
C.B.: ¿Carne con tomate?
Antonio: Carne con tomatito, también hay y albóndigas . . .

Isabel

C.B.: ¿Carne con tomate?
Isabel: Carne con tomate. Pues, fríes la carne. Cuando ya está pasadita, un poquito frita, le pones el tomate . . . y yo lo hago que a la gente le gusta mucho y le pones un poquito de ajito picadito – el ajo sabes lo que es ¿no? Le pones el ajo y lo remeneas y ya está todo frito – la carne y el toma . . . cuando está el tomate frito pues ya está la carne con tomate hecha.

. . .

C.B.: ¿Otro plato?
Isabel: La ensaladilla, mm, patatas cocidas, atún, una poquita de cebollita . . .
C.B.: Sí.
Isabel: Huevo duro . . .
C.B.: Sí.
Isabel: . . . y pimiento morrón – otra ensalada – ya está.
C.B.: ¿Cómo se aliña?
Isabel: ¿Cómo se aliña? Cuando todo lo . . . lo cortas todo esquinadito, todo cortadito y con dos cucharas lo meneas y ya está. Le echas el vinagre, le echas el aceite y se terminó. Ya está hecho.

En la heladería

C.B.: Bueno, ¿qué es la horchata?
La dueña: La horchata es una bebida líquida o sea, fría, refrescante, la cual está compuesta por chufa, azúcar y agua.
C.B.: Sí y ¿el – el limón granizado?
La dueña: Es otra bebida también bastante refrescante, mucho más que la horchata, por supuesto, porque tiene granizado o sea hielo o sea, tiene hielo y está compuesto por limón, azúcar y agua también.
C.B.: O sea, muy frío.
La dueña: Muy frío.
C.B.: Y ¿blanco y negro?
La dueña: El blanco y negro es café granizado, café puro y lleva helado o sea, está compuesto también con helado de nata o vainilla o sea, depende del gusto de la persona.
C.B.: Sí. El café frío, claro.
La dueña: Frío, bastante frío.
C.B.: Gracias.

15 Salud

At the chemist's

Mari: Buenas tardes.
Farmacéutica: Buenas tardes.
Mari: Que ayer estuve en la playa y tengo muchas molestias – eh – normalmente en los hombros.
Farmacéutica: Hmm . . . ¿Me enseña a ver qué le pasa?
Mari: Sí. Me duele toda la espalda pero normalmente me duelen los hombros y la nariz.
Farmacéutica: Mm. Ah – lo que tiene es una insolación bastante grande. Tomaría mucho sol y no se pondría protector ninguno ¿eh?
Mari: Estuve sobre unas tres horas tomando el sol.
Farmacéutica: Eso es mucho. ¿Le molesta la ropa . . .?
Mari: Sí.
Farmacéutica: . . . incluso al rozarle? Pues entonces, le vamos a dar un espray que es lo más suave. Espere un momentito que voy a cogerlo.

Mari: ¿Qué precio tiene?
Farmacéutica: Unas cien . . . unas trescientas cuarenta pesetas.
Mari: También es que me duele un poco la cabeza y la frente.
Farmacéutica: Y la frente y la cabeza . . . pues, entonces, le hace falta un analgésico. Le daremos Paracetamol. Se toma tres pastillas al día y con eso es suficiente. En el caso de que no se le vayan las molestias de los hombros ni el dolor de cabeza, vaya al doctor dentro de dos días. Y procure mañana no tomar sol.
Mari: ¿Qué precio tiene la – el Paracetamol?
Farmacéutica: 170 pesetas.
Mari: Me llevo las dos cosas.
Farmacéutica: Espere un momento . . . entonces son 510 ptas.
Mari: ¿En total?
Farmacéutica: En total – las dos cosas juntas.
Mari: De acuerdo. Gracias.

16 Fin de semana fuera

Booking a room

Pilar: Buenas tardes.
Recepcionista: Buenas tardes, señora.
Pilar: Eh – quisiera una habitación para dos personas.
Recepcionista: ¿Para cuándo?
Pilar: Si es posible esta noche.
Recepcionista: Muy bien. ¿De matrimonio o de – doble – de dos camas?
Pilar: De dos camas.
Recepcionista: Muy bien.
Pilar: Eh – ¿con cuarto de baño?
Recepcionista: Todo completo – el cuarto de baño completo . . .
Pilar: Sí, y ¿qué es el precio?
Recepcionista: 2.950.
Pilar: Mmm 2.950. Bien, y ¿ustedes sirven comidas?
Recepcionista: Sí, sí, sí.
Pilar: ¿La cena?
Recepcionista: Todo.
Pilar: ¿A qué hora? ¿A partir de qué hora?
Recepcionista: A todas las horas. Nosotros no tenemos horas.

Pilar: No tienen horas.
Recepcionista: Nunca.
Pilar: Y ¿el desayuno?
Recepcionista: Igualmente.
Pilar: ¿Va incluído el precio – en el precio el desayuno?
Recepcionista: Nada. Solamente la hibitación.
Pilar: Y el desayuno ¿qué precio tiene?
Recepcionista: 200 pesetas por persona.
Pilar: Muy bien, muchas gracias.

Navacerrada

Doña Ana: De esquí y julio y agosto . . . de veraneantes.
C.B.: Y ¿viene mucha gente?
Doña Ana: Pues, en invierno sí. Ahora ya, hace unos años que ha nevado menos . . .
C.B.: Sí.
Doña Ana: . . . y viene menos gente, pero viene bastante y . . .
C.B.: ¿A partir de cuándo?
Doña Ana: A partir de – em – el veinticuatro de diciembre es cuando la temporada empieza a funcionar – ya hasta Semana Santa.
C.B.: Sí.
Doña Ana: Después tenemos dos meses y medio a tres que ya es temporada floja. Entonces ya hasta julio, hasta el quince de julio, aquí ya estamos . . .
C.B.: Tranquilos.
Doña Ana: . . . más tranquilos. Después, ya tenemos octubre y noviembre otra vez de un poquito más descanso y volvemos en diciembre – lo he terminado de decir.
C.B.: Y ¿quién viene? ¿Quién suele venir aquí a veranear? De Madrid o . . .?
Doña Ana: Pues, mire Vd., bastantes de Madrid pero siempre tenemos también – mm – personas que vienen de paso . . .
C.B.: Sí.
Doña Ana: . . . y se quedan a dormir. Los extranjeros también se quedan dos o tres noches porque ven el Paular, ven el Escorial, ven Segovia, ven Avila, ven Toledo . . .
C.B.: Mmm . . .
Doña Ana: . . . entonces, como aquí el verano es muy fresquito y se está muy bien, hacen unos kilómetros pero se vienen aquí a dormir y después están unos días y ya se marchan.

C.B.: Ah – y evitan el calor de Madrid.

Doña Ana: Esto es.

Skiing

C.B.: En invierno, ¿cuántas pistas hay aquí?

Doña Ana: Pues, mire usted, pistas hay ahora bastantes. Lo que es que aquí ahora – mm – han puesto allí en Val Cotos, hay otras pistas también. Entonces, yo le puedo decir que habrá unas seis pistas . . . bastantes.

C.B.: Val Cotos ¿está muy lejos?

Doña Ana: Pues, está a unos diez kilómetros de aquí. Pero allí no hay, no hay hoteles, ni hay nada más que un bar o dos pequeños, y nada mas . . .

C.B.: O sea . . .

Doña Ana: . . . Allí no pueden hacer estancia de dormir ni de . . .

C.B.: Entonces la mayoría de los que vienen . . .

Doña Ana: Sí, sí, los que se quedan a dormir y hacen estancia y luego veranean o están en el invierno o en Pascua, que terminan los niños de las vacaciones – entonces ya vienen hasta el seis de – hasta que pasa Reyes que es el seis de enero, entonces vienen aquí – por quince días, por diez días, por dos días, por ocho, según . . .

17 ¿Tu cómo eres?

La foto

Antonio: Sí, bueno. Tengo una fotografía que tiene ya aproximadamente unos diez años.

C.B.: Y ¿tú vienes en ella?

Antonio: Sí, sí. Yo soy éste que está aquí. Soy el de la derecha. Estoy un poco más grueso que ahora y estamos en una fiesta.

C.B.: Ah – las gafas oscuras.

Antonio: Sí, sí, sí, sí.

C.B.: Y ¿quién es el señor a la izquierda?

Antonio: ¿Este señor con las gafas?

C.B.: Junto a . . . sí . . . junto al champán.

Antonio: Sí. Este señor de las gafas es un tal Juan Miguel . . . Juan Miguel eh – un tío muy simpático, muy simpático y un gran amigo.

C.B.: Mmm . . .

Antonio: Y la que, la que está junto a él es su mujer, Pepi, que también es una chica muy simpática.

C.B.: ¿La que está fumando?

Antonio: Es la que está fumando. Exactamente, la que está fumando . . .

C.B.: Sí, sí.

Antonio: . . . eh, es la mujer, es la mujer de este amigo.

C.B.: Sí.

Antonio: Después tenemos, después tenemos aquí junto a mí está mi mujer . . . junto a mí está mi mujer y junto a mi mujer está este muchacho que se llama, creo que es Juan . . . Juan, sí, Juan. Y éste es un poco serio, éste no es tan sonriente, no es tan risueño. Es serio. Pero, en fin, esa noche todos estábamos divirtiéndonos bastante.

C.B.: Y ¿ésa es su novia?

Antonio: Esta sí, ésta en aquellos tiempos, hoy es . . . hoy es su mujer.

C.B.: La del traje claro.

Antonio: La del traje blanco, sí, la del traje blanco era su novia, sí era su novia y éste que está aquí . . . éste que está aquí es Salvador.

C.B.: Eh – bueno – ah – a la – sí, en . . . a la mesa.

Antonio: Sí, en la mesa. Este es Salvador que también está junto con su novia. Entonces eran novios. Claro, . . . que esto . . .

C.B.: ¿La del vestido floreado?

Antonio: La del vestido floreado, exactamente, y tiene un gorro también en lo alto, en la cabeza, sí, sí, y . . . lo que pasa es que esta fotografía tiene ya diez años y esta gente todos son matrimonios.

C.B.: Sí.

Antonio: Después, éste que está aquí, que es el más alto y el más fuerte, con la cara haciendo una especie de gesto, es . . .

C.B.: Ah – y el traje claro . . .

Antonio: Exacto, el traje claro, y haciendo un gesto un poco bromista . . .

C.B.: Sí.

Antonio: ¿Eh? Pues, éste es, sí, éste es Manuel. Este es un chico que ya estaba casado . . . en este tiempo estaba casado igual que yo y – em – y éste, pues, Manuel es un tío estupendo para cualquier fiesta porque hace de todo.

18 En correos

In the post office

Lisa: Buenos días. ¿Cuánto, cuánto vale mandar una carta a Londres normal, normal?
Empleado: Una carta son 40 ptas.
Lisa: Y ¿una urgente?
Empleado: Sí, ésta son 105.
Lisa: Y ¿una carta postal?
Empleado: Una tarjeta postal son 30 ptas.
Lisa: Perdón – pero es que sólo tengo cinco mil ptas.
Empleado: Sí. Son 175 y 25 – doscientas – y tres – quinientas – y quinientas – mil – y cuatro – cinco mil.
Lisa: Vale, gracias.
Empleado: De nada.

Making a phone call

Luisa: Hola ¿para llamar a Londres?
Telefonista: Primero marque el zero siete que es Internacional . . .
Luisa: El zero siete.
Telefonista: . . . y espere un segundo tono.
Luisa: Sí.
Telefonista: Luego el cuarenta y cuatro que es el de Inglaterra . . .
Luisa: Cuarenta y cuatro.
Telefonista: . . . y el uno de Londres y seguido del número de abonado.
Luisa: Sí, vale. Gracias.
Telefonista: Pase a la cabina número cuatro.
Luisa: Gracias.

Spanish–English Vocabulary

The words in the vocabulary list are defined according to the contexts in which they are found in the book. Not all the meanings of a word are included therefore, and some definitions are only appropriate in the particular context in which they are found here.

abonar to pay
un **abrazo** love (from)
aburrido bored
acabar por to end up
el **aceite** oil
acercarse a to draw near
la **aclaración** clarification
aclarar to clarify
acompañar to accompany
aconsejar to advise
acontecer to take place
acostumbrarse to get used to
el **acróbata** acrobat
la **actividad** activity
actualmente at present
actuar to act
acumular accumulate
a diario daily
adorar to adore
adquirir to acquire, buy
el **aeropuerto** airport
afectar to affect
la **afición** hobby, taste for
agencia de viajes travel agency
la **agilidad** agility
agosto August
agradable pleasant
agresivo aggressive
el **agua** water
al ajillo in garlic
la **albóndiga** meatball

la **alimentación** food
el **aliño** salad dressing
los **almacenes** department stores
la **almeja** clam
el **almendrado** macaroon
el **almíbar** syrup
el **almuerzo** lunch
alterarse to get upset
el **ambiente** atmosphere
a menudo often
el **amor** (m) love
ampliar widen, to
andar to keep time
animado lively
anotar to make a note of
las **ansias** anxiety
anterior before
añadir to add
el **aparcamiento** parking
el **aparejo** rigging
el **apartado** P.O. box
apartar to keep to one side
el **apellido** surname
el **apio** celery
aplicar to apply
apropiado suitable
aprovechar to make the most of
apuntar a to aim
apuntarse to sign up for
arreglar to fix up
el **artículo de lujo** luxury item
el **arroz** rice
asistir to attend

astuto astute
asustarse to be frightened
atropellar to run over
el **atún** tuna fish
el **autobús** bus
el **autocar** coach
el **autor** author
autorizado authorized
avanzado advanced
el **avión** airplane
el **aviso** call
ayudar to help
el **azúcar** sugar
el **azulejo** glazed tile

el **bailarín** dancer
el **balcón** balcony
el **balón** ball
bañarse to bathe
el **baño** bath
barato cheap
la **barrera del sonido** sound barrier
la **batería** battery
el **batido** milkshake
beber to drink
belga Belgian
beneficiar to benefit
la **biblioteca** library
el **billete** banknote, ticket
blanco white
la **blusa** blouse
el **bocadillo** sandwich
el **bolígrafo** ballpoint pen
el **bollito** roll

la **bolsa** bag
el **bolsillo** pocket
el **bombardeo** bombing
borrar to erase
el **bote** drum, jar, tin
a la brasa grilled
el **brazo** arm
la **brisa** breeze
broncear to tan
la **burguesía** middle-
class
buscar to look for

el **caballero** gentleman
la **cabeza** head
la **caja de cerillas** box of
matches
el **cajero** cashier
los **calamares** squid
el **caldo** broth
calentar to warm up
el **calor** heat
las **calorías** calories
callado quiet
la **callejuela** narrow
street, alley
los **callos** tripe
la **cama** bed
la **cámara fotográfica**
camera
la **camisa** shirt
cancelar to cancel
la **canción** song
cansado tired
el **cantante** singer
el **caramelo** sweet
el **cariño** love
la **carne** meat
caro expensive
la **carta** letter
la **carretera** road
casero home-made
el **casete** cassette
la **catedral** cathedral
la **caza** hunting
la **cazuela de barro**
earthenware dish
la **cebolla** onion
celebrar to hold
la **cena** supper, dinner

cenar to have dinner
el **centro comercial**
shopping centre
cercano near by
la **cereza** cherry
cerrar to close
la **cerveza** beer
la **cinta** tape
circular to move
la **ciudad** town
claro light, pale
el **cliente** client,
customer
cocido boiled
el **cocido** stew
la **cocina** kitchen
el **coco** coconut
coger to take
la **colisión frontal**
head-on collision
colocar to place
la **comedia** comedy
el **comentario** comment
comer to eat
la **comida** food, meal
cómodo comfortable
la **compañía** company,
firm
compartir to share
complicado complicated
componer to compose
de compras shopping
comprobar to
ascertain
la **computadora** computer
común common
el **concierto** concert
conciliador conciliatory
el **concurso** competition
condimentar to season
el **conductor** driver
confirmar to confirm
conocer to be
acquainted with
conseguir to bring
about, obtain,
acquire
conservar to keep
consolidarse to
become established

**contado: pagar al
contado** to pay
cash for
contar to tell
contener to contain
el **continente** continent
convenir to suit
convertirse en to
become
el **cordero asado** roast
lamb
correos post office
cosmopólita cosmopolitan
el **costado** side
costar to cost
la **costumbre** habit,
custom
la **crema solar** suntan
cream
la **crisis** crisis
la **croqueta** croquette
la **cruzada** Crusade
cruzar to cross
cuanto antes as soon
as possible
el **cubo** cube
cubrir to cover
la **cuenta** account
el **cuerpo** body
es cuestión de it's a
matter of
cuidado careful
cultural cultural
cumplir años to be x
years old
curado cured
el **champiñón** mushroom
chino Chinese
el **chorizo** sausage
la **chuleta** chop

dar clases de to give
lessons
darse cuenta de to
notice
dar un paseo to go
for a stroll
de acuerdo okay,
fine
debitar to debit

debido a owing to
decidir to decide
la **decisión** decision
el **dedo** finger
de más extra
de repente suddenly
demasiado too much
depende it depends
el **dependiente** shop assistant
deportista sporty
el **depósito** tank, deposit
la **derecha** right hand, right side
el **derecho** right
desaparecer to disappear
el **desayuno** breakfast
desconocido unknown
descubridor discoverer
descubrir to discover
desde from
desear to wish
desperdiciar to use up
despertarse to wake up
desquitarse to make up for
destaparse to show one's true colours
el **destino** destination
detener to stop
el **detergente** detergent
deteriorar to deteriorate
desviar to swerve off
la **diarrea** diarrhoea
el **dibujo** drawing
dictar to dictate
el **diestro** bullfighter
la **dieta** diet
el **dinero** money
dirigirse a to contact
el **diploma** diploma
el **disco** record
la **discoteca** discoteque
la **discusión** discussion, argument

disfrutar to enjoy
distinto different
divertido fun
divertirse to have fun
doble double
el **dólar** dollar
el **dolor de muela** toothache
domingo Sunday
la **ducha** shower
durar to last

la **edad** age
efectivamente indeed
el **elepé** LP
eliminar to eliminate, cut out
embarcar to board
la **emergencia** emergency
empezar to begin
la **empresa** company
en efectivo in cash
encima above
encontrar to find
encuadrar to insert
en cuanto as soon as
endulzar to sweeten
la **ensalada** salad
la **ensaladilla rusa** Russian salad
entender to understand
entonces then
los **entremeses** hors d'oeuvres
la **entidad bancaria** bank
el **entrenamiento** training
entusiasmar to love, be wild about
el **envase** pack
enviar to send
envidiar to envy
la **época** time of year
el **error** mistake, error
escocés Scottish
escoger to choose
escuchar to listen to
espaciar to space out

el **espacio** space
los **espaguetis** spaghetti
el **espárrago** asparagus
la **especialidad** speciality
la **esperanza** hope
esperar to wait
el **esqueleto** skeleton, frame
esquiar to ski
estar enamorado to be in love (with)
el **estado** state
estimular to stimulate
el **estómago** stomach
la **estrella** star
estudiar to study
el **estudio** studio
estupendo marvellous, super
el **éxito** success
exótico exotic
extranjero abroad

facturar to charge, bill
la **falda** skirt
la **fama** fame
la **fantasía** fantasy
la **farmacia** chemist's
la **farmacia de guardia** duty chemist's
fascinar to fascinate
la **felicidad** happiness
feliz happy
el **festivo** holiday
el **fideo** noodle, vermicelli
la **fiesta** party
el **filete** fillet
el **fin de semana** weekend
fino fine
el **flan** creme caramel
la **flexibilidad** flexibility
flojo slack
la **floristería** florist's
flotar to float
fomentar to encourage

la **fortuna** fortune
la **fotografía** photograph
el **frasco** small bottle
(perfume, medicine)
freír to fry
el **freno de mano**
handbrake
la **frente** forehead
la **fresa** strawberry
frito fried
la **frontera** border
la **fruta del tiempo**
fresh fruit
fuera away
la **fuerza** strength
fumar to smoke
el **fútbol** football

las **gafas de sol** sunglasses
las **galletas** biscuits
las **gambas** prawns
gambas al ajillo
prawns in garlic
ganar to win
con ganas de feeling
like
la **gasolina** petrol
el **gazpacho** iced soup
genial super
el **gesto** gesture
la **gimnasia** exercising
la **gira** tour
una **gotita** just a drop
grabar to tape
granizado iced drink
gratis free
gratuito free
la **guerra** war
la **guerra civil** Civil War
la **guitarra** guitar
el **gusto** taste

la **habitación** room
el **habitante** inhabitant
hacer to do, make
hacer cola to queue
hacer ejercicios to
exercise
hacer un esfuerzo to
make an effort

hasta until
el **hechicero** magician
la **heladería** ice-cream
parlour
el **helado** ice-cream
los **hermanos** brothers
and sisters
heredar to inherit
hervido boiled
la **hierba** herb
los **hombros** shoulders
el **horario** times
al horno roast
el **hotel** hotel
el **huevo** egg
la **humedad** dampness

ideal ideal
el **ídolo** idol
ilimitado unlimited
la **imagen** image
impresionar to
impress
el **incendio** fire
incluir to include
incómodo uncomfortable
el **inconveniente**
disadvantage
la **incursión** raid,
incursion
indicar to indicate
inesperado unexpected
la **inflexión** inflexion
informar to inform
ingenuo ingenuous
inglés English
el **ingrediente** ingredient
el **insomnio** insomnia
la **intención** intention
el **interés** interest
la **interpretación**
acting
interpretado starring
introducir to
introduce
introvertido introvert
inutilizar to render
useless
invertir to spend
el **invierno** winter

la **invitación** invitation
la **izquierda** left hand,
left side

el **jamón** ham
el **jamón serrano** cured
ham
el **jardín** garden
el **joven** young man
las **judías blancas** haricot
beans
la **juerga** good time
jueves Thursday
junto a next to

el **lado** side
la **lágrima** tear
la **lámpara** lamp
la **legumbre** vegetable
la **leche** milk
la **lechuga** lettuce
la **lectura** reading
lentamente slowly
la **libra** pound sterling
el **limón** lemon
limitado limited
la **litera** berth
el **locutorio** phone booth
lograr to achieve
la **lotería** lottery
luego then, next
el **lujo** luxury
la **luna de miel**
honeymoon
el **lunes** Monday
la **luz** light

la **llamada** phone call
llamar to call
llevar to take
llorar to cry
llover to rain

los **macarrones** macaroni
malhumorado
bad-tempered
mandar to send
la **mano** hand
el **mantenimiento**
maintenance, upkeep

la **mantequilla** butter
la **manzana asada** baked apple
la **margarina** margarine
el **marco** mark
el **mar** sea
mas but
Marruecos Morocco
marchoso fast
la **mascota** mascot
el **matrimonio** married couple
mayor larger
mecanografiado typed
mediano middle
mediante by means of
el **medicamento** medication
el **medio** means
el **mediodía** midday
medir to measure
mejicano Mexican
el **melocotón** peach
el **melón** melon
el **membrillo** quince
menor de under
menos less
el **mensaje** message, text
mensual monthly
mentir to lie
los **mercaderes** merchants
el **mercado de segunda mano** secondhand market
merece la pena it's worth it
la **merluza** hake
meterse to go into
el **metro** underground
miércoles Wednesday
el **mimo** care
misterioso mysterious
mojarse to get wet
molestar to bother
la **moneda** coin
el **monumento** monument
la **mostaza** mustard

mover to move
el **movimiento** movement
la **mujer** wife
la **multa** fine
el **mundo** world
el **músculo** muscle
el **muslo** thigh
el **museo** museum
mutuo mutual

nacer to be born
la **nacionalidad** nationality
la **naranja** orange
la **nariz** nose
la **nata** cream
la **naturaleza** nature
necesitar to need
los **nervios** nerves
el **nombre** name
normalmente usually
notar to notice
las **noticias** news
la **novela** novel

la **obsesión** obsession
obtener to obtain
el **océano** ocean
ofender to offend
ofrecer to offer
el **oído** ear (inner)
opaco opaque
la **opción** option
la **óptica** opticians
la **oreja** ear

los **padres** parents
el **pago** payment
el **palito** fish finger
la **palma** palm
el **pan** bread
la **panadería** bakery
el **panorama** vision, horizon
el **pantalón** trousers
el **paraguas** umbrella
el **parque** park
particular private
el **pasajero** passenger
el **pasatiempo** pastime

el **Paseo Marítimo** promenade, sea-front
el **pastel** cake
la **pastilla** tablet
la **patata** potato
pedir to order
la **película** film
el **peluquero** hairdresser
el **penique** penny
el **pensamiento** thought
la **pensión completa** full board
la **pera** pear
percibir to perceive
perder to miss, lose
perder la serenidad to panic
perfecto perfect
perdurar to last, endure
el **perfume** perfume
el **periodo** period
permanecer to remain
el **permiso de conducir** driving licence
la **pescadilla** whiting
pescar to go fishing
la **persona** person
picado chopped
el **pie** foot
la **pierna** leg
el **pimiento** pepper
el **pinchito moruno** kebab
el **pinchazo** jab
el **pintor** painter
el **pisto** fried vegetable hash
el **plato** dish, plate
pobre poor
el **poder** power
el **polvo** powder
por lo menos at least
la **porción** portion
la **posibilidad** possibility
posterior after
el **postre** dessert

la **postura** posture
practicar to practise, go in for
el **precio** price
el **precinto** seal
preferir to prefer
el **prefijo** prefix
la **prenda de vestir** item of clothing
predilecto favourite
preocuparse to worry
presenciar to witness
pretencioso pretentious
previo prior
la **prima** premium
principal main
con prisas in a hurry
probar to try, taste
probar suerte to try one's luck
probablemente probably
procurar to try
el **programa** programme
la **programación** planned programmes
el **propósito** intention
la **proteína** protein
proponer to propose
proteger to protect
la **provincia** province
prudente cautious
la **puerta** gate
pues well
la **punta** tip

quedarse to stay, remain
quedar fatal to be shown up
quejarse to complain
la **quemadura solar** sunburn
querer to want
el **queso** cheese
quince fifteen
quinientos five hundred

la **rapidez** speed

la **raqueta** raquet
razonable reasonable
realizar to carry out
realmente really
la **receta** recipe, prescription
recomendar to recommend
recordar to remember
recorrer to cover (distance)
la **red** network
reducir to reduce
el **refrán** saying
regalar to give a gift
el **regalo** present
regresar to return
relajar to relax
relegado relegated
el **reloj** watch
repetir to repeat
la **reputación** reputation
rescatar to rescue
la **reserva** booking
reservar to book, to keep
respirar to breathe
el **restaurante** restaurant
el **resumen** summary
la **revista** magazine, review
rogar to ask
la **romería** gathering at a local shrine
la **ropa** clothing
la **rosa** rose
la **rueda** wheel
la **ruta** route

sábado Saturday
el **sabor** flavour, taste
sabroso tasty
la **sacarina** saccharine
sacar una foto take a photo
la **sal** salt
la **salchicha** sausage
la **salida** departure
salir to leave

salir adelante to get by
salteado sauté
la **salud** health
la **sandía** watermelon
la **sartén** frying pan
satisfecho satisfied
la **secretaria** secretary
seguir to follow
según it depends, depending on
seguro sure
el **seguro** insurance
la **seguridad** security
el **sello** stamp
la **semana** week
sentirse to feel
servir to serve
el **sifón** syphon
siguiente following
simpático friendly
simplificar to simplify
el **sobre de té** tea bag
sobre ruedas on wheels
sobrevivir to get by
el **sofá** sofa
soler to usually . . .
la **solicitud** application
en **solitario** single
soltar to let go of
el **sombrero** hat
el **sonido** sound
la **sonrisa** smile
la **sorpresa** surprise
sorprendente surprising
sudar to perspire
el **sueldo** wages
el **suelo** floor
sufrir to undergo
la **sugerencia** suggestion
el **suplemento** supplement
suscribir to subscribe
sustituir to substitute

la **tabacalera** tobacconist's

tardar to take (time)
la **tarifa** fare
la **tarjeta postal** post card
la **tarrina** tub
la **tarta de manzana**
    apple pie
el **taxista** taxi-driver
el **té de menta** mint tea
el **teatro infantil**
    children's theatre
la **técnica** technique
el **teléfono** phone
el **telegrama** telegram
el **tenedor** fork
la **tentación** temptation
la **ternera** veal
el **testigo** witness
la **tienda** shop
el **tinto** red wine
    tocar to win
el **tomate** tomato
el **tórax** thorax
la **tortilla** omelette
    trabajar to work
    traer to bring
    tranquilo quiet, calm

el **traje** dress, costume
el **traje de chaqueta**
    suit
el **tratamiento** treatment
el **tren** train
la **trucha** trout
la **trufa** truffle
    tumbarse to lie down

los **ultramarinos**
    groceries
    único only
la **unidad** item
    urgente express
el **utensilio** utensil
    utilizar to make use of

las **vacaciones** holidays
la **vacuna** vaccination
    vainilla vanilla
    valer to be worth
    valiente brave
el **valor** value
    veranear to spend
    the summer
el **verano** summer

el **vehículo** vehicle
la **verdura** vegetable
el **vestido** dress
el **vestido de noche**
    evening dress
    viajar to travel
el **viaje** trip
la **víctima** victim
la **viena** Vienna loaf
    viernes Friday
el **vinagre** vinegar
el **vino** wine
    violento violent
la **vista** view
    vital alive, lively
la **vitamina** vitamin
la **vocal** vowel
    volver to return
    volverse loco por to
    be mad about
el **vuelo** flight

el **yogur** yoghurt

la **zanahoria** carrot
el **zapato** shoe